ŚWIATOWE DZIEDZICTWO KULTUR

WORLD CULTURAL HERITAG

WELTKULTURERB

ДОСТОЯНИЕ МИРОВОЙ КУЛЬТУРЬ

KRAKÓW

CRACOW

KRAKAU

КРАКОВ

 KRAJOWA AGENCJA WYDAWNICZA 1988

1. strona okładki:

Zamek na Wawelu
Widok Krakowa od południa, rycina z końca XVI wieku
Orszak Lajkonika
Rynek Krakowski

4. strona okładki:

Sala Senatorska w zamku wawelskim
Insygnia królewskie z grobu Kazimierza Wielkiego
Barbakan
Cmentarz żydowski Remuh

On the front cover:

The Castle at Wawel Hill
A view of Cracow from the south; illustration from the end of the 16th century
The "Lajkonik" entourage
The Main Market Square of Cracow

On the back cover:

The Senators' Hall at the Wawel Castle
The royal insignia from the tomb of King Casimir the Great
The Barbican
The Remuh Jewish Cemetery

Umschlag, 1 Seite:

Das Wawelschloß
Krakau vom Süden gesehen − Radierung aus dem Ende des XVI. Jhs
Der Umzug von „Lajkonik"
Der Hauptmarkt von Krakau

Umschlag, 2. Seite:

Der Senatorensaal im Wawelschloß
Königliche Insignien aus der Gruft von Kasimir dem Großen
Die Barbakane
Der jüdische Remuh-Friedhof

Первая страница обложки:

Вавельский замок
Вид Кракова с юга, рисунок конец 16 в.
Шествие Ляйконика
Краковский Рынок

Четвертая страница обложки:

Сенаторский зал Вавельского замка
Королевские регалии, извлеченныхе из саркофога короля Казимира Великого
Барбакан
Еврейское кладбище Рему

Tekst MICHAŁ ROŻEK
Zdjęcia JANUSZ PODLECKI
Podpisy do zdjęć MARIA BRONIOWSKA

Opracowanie graficzne i techniczne LESZEK JESIONKOWSKI

Tłumaczenia

j. angielski ROMAN CZARNY
j. niemiecki SŁAWOMIRA KALETA-WOJTASIK
j. rosyjski JANUSZ HENZEL

Opracowanie redakcyjne MARIA BRONIOWSKA i TOMASZ ŁOPUSZYŃSKI

Korekta BOŻENA TOPOREK

© Copyright by Krajowa Agencja Wydawnicza w Krakowie, 1988 r.

ISBN 83-03-01734-9
Krajowa Agencja Wydawnicza w Krakowie
ul. Floriańska 33
Nakład 49.650 + 350 egz.
Druk Vydavateľstvo Obzor, Bratislava/TSNP Martin, CSRS

KRAKÓW
ŚWIATOWE DZIEDZICTWO KULTURY

Historyczną decyzją UNESCO z września 1978 roku wpisano Kraków, jako jeden z najznakomitszych zespołów urbanistycznych, na listę Światowego Dziedzictwa Kulturalnego i Naturalnego. W orzeczeniu ekspertów czytamy: „Centrum historyczne i architektoniczne Krakowa, które kształtowało się na przestrzeni niemal tysiąca lat, jest jednym z najbardziej godnych uwagi artystycznych i kulturowych kompleksów Europy. Wśród zabytków architektury na czoło wybija się zamek na Wawelu, siedziba władzy i rezydencja dynastii panujących od początku Państwa Polskiego. W XVI w. był on jednym z głównych ośrodków kultury literackiej. Zamek jest doskonałym przykładem florenckiego renesansu poza terenem Włoch. Znajdują się w nim cenne dzieła sztuki, pochodzące z wielu epok. Także na Wzgórzu Wawelskim, które stanowi najbardziej rzucający się w oczy i charakterystyczny element krajobrazu historycznego Krakowa, wznosi się katedra, gdzie są pochowani królowie Polski. Zbudowano ją w latach 1320–1364, na miejscu starych kościołów romańskich, których budowę rozpoczęto 300 lat wcześniej. W XIII wieku, w oparciu o szczegółowy plan, wytyczono podstawowy układ ulic śródmieścia, rozchodzących się od usytuowanego centralnie Rynku o wymiarach 200 × 200 m − wciąż jeszcze największego placu o tej funkcji w Europie. Elementy oryginalnej średniowiecznej zabudowy Rynku zostały poddane konserwacji, podobnie, jak otaczające miasto fortyfikacje.

Na południe od średniowiecznego Krakowa, przy dawnej drodze do Wieliczki, leży stare miasto Kazimierz. Założył je w 1335 roku król Kazimierz Wielki. Oryginalny układ ulic i działek budowlanych widoczny jest do dziś. Getto tego starego miasta − centrum kultury żydowskiej w wiekach XV i XVI − zachowało swój charakter aż do czasu II wojny światowej, kiedy to podczas okupacji zostało częściowo zniszczone przez Niemców. Dzisiaj Kazimierz jest integralną częścią Krakowa.

Między starym Krakowem a Kazimierzem leżą dawne przedmieścia o nazwie Stradom, które powstały wzdłuż dróg łączących te dwa miasta za Wzgórzem Wawelskim. Na Stradomiu znajdują się dwa klasztory: Bernardynów i Misjonarzy, założone w wiekach XV i XVII.

Kraków przekazuje potomności tę jedyną w swoim rodzaju kolekcję pomników kultury dawnych wieków − wybitne dzieła sztuki i architektury".

Nasuwa się zatem pytanie: jakie miejsce zajmuje Kraków w polskiej kulturze, od tysiąca lat związanej z kulturą europejską, jakie niepowtarzalne wartości wniósł do skarbca światowego dziedzictwa?

Położony nad Wisłą − największą z polskich rzek − zyskał Kraków przed z górą trzysta laty zaszczytne miano *totius Poloniae urbs celeberrima,* co znaczy, że z wszystkich miast Polski jest najwspanialszy. To samo można powiedzieć o nim i dzisiaj, jest bowiem Kraków miastem pełnym zabytków i pamiątek historycznych, wyrażających tu w sposób szczególny polską tożsamość narodową. Na początku naszego stulecia znakomity pisarz i krytyk literacki, Wilhelm Feldman, pisał: „kto chce poznać duszę Polski − niech jej szuka w Krakowie". Trafne to słowa, bowiem właśnie tu, w tym mieście, wśród jego starych romańskich, gotyckich, renesansowych i barokowych budowli, przy urokliwym dźwięku krakowskich dzwonów i urzekającej melodii hejnału grywanego co godzinę z wieży kościoła Mariackiego − czuje się polskość najsilniej.

Początki Krakowa sięgają wczesnego średniowiecza. Dwa prehistoryczne kopce legendarnych władców: Krakusa i jego córy, Wandy, zdają się potwierdzać archaiczną metrykę miasta. Najstarsze wzmianki o nim pochodzą z połowy X wieku, czyli z czasu, gdy Polska po roku 966 weszła do rodziny chrześcijańskich państw europejskich. Położeniu Krakowa przy ważnych szlakach handlowych zawdzięczamy opis miasta, sporządzony w roku 965 przez kupca z Kordoby, Ibrahima ibn-Jakuba. Z końcem tegoż stulecia Kraków włączono do państwa polskiego, rządzonego w tym czasie przez władców z dynastii Piastów. Niemym świadkiem owych burzliwych lat jest, odkryta przed z górą pół wiekiem, kamienna rotunda Najświętszej Panny Marii, która – być może – pamięta czasy chrztu Mieszka I. W roku 1000 utworzono w Krakowie biskupstwo; powstały pierwsze budowle romańskie, wzniesione na wzgórzu wawelskim.Od połowy XI wieku zamek wawelski był główną siedzibą polskich władców, w tym też czasie – za rządów księcia Kazimierza Odnowiciela – Kraków stał się stolicą rozległego państwa i funkcję tę pełnił aż do końca XVIII wieku, czyli do schyłku państwowości polskiej. Tu, na Wawelu – przechowywano insygnia koronacyjne, tu także powstała w XI stuleciu szeroko znana szkoła katedralna, przygotowująca ludzi do służby Kościołowi i państwu. Dwory książęcy i biskupi, rezydujące na Wawelu, tworzyły odpowiedni klimat intelektualny, sprzyjający powstaniu wybitnych dzieł sztuki i nauki. Kraków był wówczas grodem zasobnym i ludnym.Górowało nad nim wzgórze wawelskie z jego kamienną romańską katedrą, warownym zamkiem i licznymi kościołami. Od strony północnej, poniżej wzgórza, tworzył się zrąb obecnego śródmieścia Krakowa. Z okazalszych świątyń stanął tu romański kościół o charakterze obronnym p. w. św. Andrzeja, a dalej, w miejscu, gdzie potem wytyczono Rynek, wzniesiono niewielki, romański kościółek św. Wojciecha, sięgający swą metryką X wieku.

Ten najstarszy Kraków został zniszczony w roku 1241 przez Tatarów. W 16 lat później – z inicjatywy panującego wówczas księcia, Bolesława Wstydliwego – nadano Krakowowi prawa miejskie.Do dziś zadziwia logika, dojrzałość i rozmach całego założenia urbanistycznego: duży rynek oraz regularna sieć ulic. To lokacyjne miasto wchłonęło dawną romańską zabudowę. Rynek krakowski zaliczany jest do najznakomitszych tego typu placów w Europie i w niczym nie odbiega od rozmachu placu św. Marka w Wenecji czy św. Piotra w Watykanie. Po lokacji nastąpił bujny rozkwit miasta, a powstałe wówczas arcydzieła średniowiecznej sztuki są prawdziwą jego ozdobą. W pierwszej połowie XIII stulecia wzniesiono dwie monumentalne – tym razem ceglane – świątynie: Dominikanów i Franciszkanów, zaś na wschód od Krakowa, w Mogile, powstało opactwo Cystersów. W ostatniej ćwierci XIII wieku zaczęto otaczać miasto jednolitymi fortyfikacjami, których budowę zakończono u schyłku średniowiecza. Niestety, fortyfikacje te zburzono na początku XIX wieku, a na ich miejscu założono pas zieleni, nazwany Plantami. Pozostałe fragmenty obwarowań, skupione wokół Bramy Floriańskiej i Barbakanu, do dziś urzekają swym pięknem.

Od XIV wieku stał się Kraków miejscem koronacji oraz nekropolią monarszą, w katedrze wawelskiej bowiem grzebano naszych królów i ich rodziny. Pierwszym koronowanym na Wawelu monarchą był król Władysław Łokietek, pochowany – także jako pierwszy – w podziemiach katedry. W tym też czasie – w połowie XIV stulecia – dawna romańska katedra została przekształcona w okazałą gotycką świątynię, która przetrwała do naszych dni, stanowiąc najwspanialszy w Polsce monument historyczno-artystyczny, a nazwiska jej twórców oraz fundatorów zapisały się trwale na kartach dziejów kultury narodowej.

Pod rządami następcy Łokietka, króla Kazimierza Wielkiego – hojnego mecenasa sztuki i protektora nauk – nastąpił znaczny rozwój miasta, które z wolna przyoblekało się w gotycką szatę. Liczni artyści oraz zrzeszeni w cechach rzemieślnicy ozdabiali je swymi dziełami, wykonywanymi na zlecenie dworu i bogatego mieszczaństwa, zamieszkującego stolicę oraz przyległe miasta – Kazimierz i Kleparz, założone przez ostatniego z Piastów. Wzniesiono wówczas – oprócz katedry na Wawelu – monumentalne kościoły w stylu gotyckim: Najświętszej Marii Panny (Mariacki) w Rynku Głównym, św. Katarzyny i Bożego Ciała na Kazimierzu.

Kazimierzowi Wielkiemu zawdzięcza także Polska ufundowanie uniwersytetu — drugiego po uniwersytecie praskim w Europie środkowej — który za zgodą Stolicy Apostolskiej erygowano w roku 1364. Królestwo Polskie odczuwało bowiem od dawna brak ludzi wykształconych, zwłaszcza prawników i lekarzy, a tym potrzebom zadośćuczynić mogła jedynie wyższa uczelnia. Wraz ze śmiercią w 1370 roku potężnego króla Kazimierza wygasła dynastia Piastów. Rządy w Królestwie Polskim objęli węgierscy Andegawenowie: Ludwik Wielki i jego córka Jadwiga. W roku 1385 doszło do zawarcia unii polsko-litewskiej. Rękę młodziutkiej królowej Jadwigi, a wraz z nią tron polski, otrzymał w rok później wielki książę Litwy, Władysław Jagiełło, którego panowanie trwało do roku 1434. Kraków stał się stolicą rozległego imperium jagiellońskiego, obejmującego nie tylko ziemie polskie, lecz także tereny Litwy i Rusi. Dzięki hojnemu zapisowi królowej Jadwigi i staraniom Jagiełły odnowiono w roku 1400 uniwersytet, który — mimo burz dziejowych — funkcjonuje niezmiennie do dziś. Uniwersytet krakowski już na samym początku swej działalności stał się wybitnym ośrodkiem naukowym i świetną szkołą myśli politycznej — by wspomnieć Pawła Włodkowica, który zasłynął erudycją na soborze w Konstancji czy najsławniejszego z wychowanków prześwietnej *Alma Mater* — Mikołaja Kopernika, który tu stadiował z końcem XV stulecia. W tym też czasie profesorowie wszechnicy wznieśli pełen uroku i malowniczości gmach, zwany Collegium Maius — będący obecnie siedzibą Muzeum Uniwersytetu Jagiellońskiego.

Stolica Polski słynęła w XV stuleciu z monumentalnych kościołów o bogato wyposażonych wnętrzach; piękne ołtarze, witraże, obrazy oraz bezcenne naczynia liturgiczne przyniosły sławę krakowskim złotnikom, malarzom i rzeźbiarzom. Takie dzieła, jak tryptyk św. Trójcy w katedrze wawelskiej, poliptyki dominikański czy augustiański — wszystkie malowane w 2 połowie XV wieku — są świetnymi przykładami sztuki cechowej. Słynęły też krakowskie świątynie z malowideł ściennych, do dziś zachowanych w klasztorach Franciszkanów, Dominikanów i Augustianów oraz z polichromii malowanej przez mistrzów z Pskowa w kaplicy świętokrzyskiej w katedrze wawelskiej.

Pod koniec tegoż stulecia przybył z Norymbergi największy rzeźbiarz średniowiecza, mistrz Wit Stwosz, aby na zlecenie mieszczan wyrzeźbić w latach 1477–1489 ołtarz główny dla kościoła Mariackiego. Dzieło to zachwyca niezwykłą ekspresją. Wyrzeźbił także Wit Stwosz nagrobek króla Kazimierza Jagiellończyka w katedrze wawelskiej, kamienny krucyfiks dla kościoła Mariackiego oraz zaprojektował płytę nagrobną znanego humanisty, Filipa Kallimacha. W tym czasie wzniesiono również krakowski Barbakan, jedno z nielicznych tego typu dzieł architektury militarnej.

Z końcem XV wieku we wschodniej części Kazimierza powstało — oddzielone murami — miasto żydowskie o niepowtarzalnym kolorycie. Postawiono tu kilka bożnic, w tym Starą Synagogę Remuh, którą otacza żydowski cmentarz, zwany kirkutem.

W epoce renesansu, za rządów ostatnich Jagiellonów — Zygmunta Starego i Zygmunta Augusta — nastąpił największy rozkwit Krakowa. Na polecenie królewskie gotycki zamek na Wawelu przebudowano w stylu renesansu. Okazała budowla z pięknym, arkadowym dziedzińcem pośrodku była dziełem architektów włoskich: Franciszka Florentczyka i Bartłomieja Berecciego. Berecciemu powierzył także król Zygmunt I Stary budowę kaplicy grobowej, nazwanej później Zygmuntowską, najznakomitszego dzieła polskiego renesansu, nazywanego „perłą renesansu z tej strony Alp". Kaplica ta stała się miejscem wiecznego spoczynku ostatnich Jagiellonów. Wystrój jej wnętrza, którego autorami są artyści włoscy: Jan Cini i Jan Maria Padovano — oszałamia bogactwem ornamentyki, stanowiącej tło dla pomników królewskich. Pomniki nagrobne Zygmunta Augusta i królowej Anny Jagiellonki wyszły spod dłuta Santi Gucciego. Niebawem za przykładem monarszym podążyli dostojnicy świeccy i duchowni; biskupi Piotr Tomicki i Piotr Gamrat ufundowali w katedrze wawelskiej kaplice grobowe, nawiązujące kształtem do Zygmuntowskiej, zasługują też tam na uwagę kaplice biskupów Andrzeja Zebrzydowskiego i Filipa Padniewskiego. Obydwie zostały zbudowane przez architekta i rzeźbiarza, Jana Michałowicza z Urzędowa, zwanego „polskim Praksytelesem".

Król Zygmunt August zamówił — dla ozdoby wawelskiego zamku — niezwykłą kolekcję arrasów, które utkano w najlepszych brukselskich warsztatach. Do dzisiaj są one prawdziwą perłą zbiorów zamku królewskiego i świadczą o wielkiej kulturze artystycznej polskiego monarchy, którego mecenat nie tylko dorównywał, lecz mógł śmiało konkurować z protektoratem kulturalnym współczesnych mu władców europejskich.

Wraz ze zgonem Zygmunta Augusta zeszła do grobu dynastia Jagiellonów. Polska wchodziła w okres monarchii elekcyjnej. Stolicą państwa nadal pozostał Kraków, choć punkt ciężkości życia politycznego przesunął się do Warszawy, na rzecz której formalna stolica straciła na znaczeniu.

Renesansowy Kraków to nie tylko Wawel, lecz również miasto tętniące gwarem, pełne życia. Zamożne patrycjuszowskie rodziny Kaufmannów, Betmanów, Bonerów fundowały dzieła sztuki, przeznaczone głównie dla kościoła Mariackiego. Pozostawili w nim swe dzieła mistrzowie tej miary, co Hans Suess z Kulmbachu czy Jan Maria Padovano. W norymberskim warsztacie Vischerów zamówili Bonerowie brązowe płyty nagrobne dla kościoła Mariackiego. Po pożarze w 1555 roku przebudowano w duchu renesansu stare, gotyckie Sukiennice; restauracji tej dokonali mistrzowie – architekci: Pankracy, Jan Maria Padovano oraz Santi Gucci. Przebudowie ulegały też kamienice mieszczańskie, zamieniane w prawdziwe pałace.

W XVI stuleciu kultura polska osiągnęła poziom niemal europejski. Centrum jej był Kraków, miasto wsławione bujnym życiem artystycznym i intelektualnym. W kręgu tej kultury wyrośli między innymi tacy wybitni twórcy, jak Mikołaj Rej i Jan Kochanowski, prekursorzy polskiej literatury.

Wiek XVII otwierał zupełnie nowy rozdział w dziejach kultury artystycznej Krakowa. Odtąd, aż po połowę XVIII stulecia, zapanował niepodzielnie barok, przeszczepiony na grunt polski z papieskiego Rzymu. Poczynaniom artystycznym patronował zrazu król Zygmunt III Waza, wytrawny znawca i mecenas sztuki. W kręgu królewskiego mecenatu działał architekt Giovanni Battista Trevano, twórca barokowej przebudowy północnego skrzydła zamku królewskiego na Wawelu, jezuickiego kościoła św. św. Piotra i Pawła oraz konfesji św. Stanisława, zajmującej centralne miejsce w wawelskiej katedrze.

W trzecim dziesięcioleciu XVII w. ukończono kościół Kamedułów na Bielanach, dzieło architekta Andrea Spezzy, który w duchu późnego manieryzmu zaprojektował tę wyjątkową budowlę, królującą w podkrakowskim pejzażu na zachód od miasta.

W roku 1609 król Zygmunt III opuścił Kraków, ruszając na wojny moskiewskie. Po walnym zwycięstwie, odniesionym w bitwie pod Smoleńskiem, monarcha nie powrócił już do Krakowa, lecz osiadł w Warszawie, której przypadła zaszczytna rola rezydencji królewskiej. Kraków – choć nadal pozostał formalną stolicą państwa – faktycznie pełnił tylko specyficzną rolę sanktuarium narodowego, ożywiając się jedynie podczas uroczystości koronacyjnych i pogrzebowych. W 2. połowie XVII stulecia zniszczyli miasto dwukrotnie Szwedzi, jednakże po każdym najeździe powstawało ono jak feniks z popiołów. Jeszcze u schyłku XVII wieku – z inicjatywy profesorów uniwersytetu – wzniesiono kościół św. Anny, najznakomitszy przykład polskiego baroku, dzieło wybitnego holenderskiego architekta, Tylmana z Gameren i włoskiego rzeźbiarza, Baltazara Fontany. Temu ostatniemu zawdzięczamy stiukową dekorację wnętrza tej świątyni. Fontana jest też autorem wystroju wnętrza romańskiego kościoła św. Andrzeja, jak również pozostawił po sobie stiuki w kamienicach mieszczańskich. Był artystą nawiązującym stylem swych prac do dzieł Gian Lorenza Berniniego, czołowego mistrza rzymskiego baroku. Dekoracja kościoła św. Anny inicjuje fazę baroku malowniczego, dynamicznego, co zyskało artystyczną aprobatę w XVIII stuleciu.

W pierwszej połowie XVIII wieku powstały w Krakowie wybitne dzieła sztuki, realizowane głównie przez dwóch architektów: Kaspra Bażankę, twórcę kościoła Misjonarzy na Stradomiu i Francesca Placidiego, budowniczego kościoła Trynitarzy na Kazimierzu i fasady kościoła Pijarów. Nie można też pominąć przebudowy zespołu tzw. Skałki, pozostającej pod opieką zakonu Paulinów, a związanej z kultem patrona Polski, św. Stanisława. Monumentalna barokowa świątynia jest dziełem Antoniego Gerarda Müntzera i Antoniego Solariego.

Kultura baroku wycisnęła silne piętno na Krakowie. Gotyckie kościoły uległy przebudowie w nowym stylu; wyposażono je w barokowe ołtarze, rzeźby i obrazy (kościół Bożego Ciała na Kazimierzu, Karmelitów na Piasku, Bernardynów na Stradomiu). Przekształcono też domy mieszczańskie. Obok gotyku, barok — i to w wydaniu rzymskim — najbardziej zrósł się ze sztuką Krakowa.

U schyłku XVIII wieku dokonały się w Krakowie istotne przemiany polityczne i kulturalne, realizowane w duchu oświecenia. Zreformowano szkolnictwo, w tym Akademię Krakowską. Gruntownie przekształcono studia medyczne, stworzono klinikę uniwersytecką;powstał ogród Botaniczny, Obserwatorium Astronomiczne. Było też miasto świadkiem wielkich, historycznych wydarzeń: w roku 1794 pod przewodem Tadeusza Kościuszki naród stanął w obronie całości państwa i niepodległego bytu. Niestety, zryw ten okazał się daremny. W roku 1795 trzej zaborcy: Rosja, Austria i Prusy dokonały ostatecznego podziału ziem polskich. Kraków przypadł Austrii. Pod berłem Habsburgów pozostawał, wyłączając lata 1809—1846, aż do roku 1918.

Miasto zyskało wkrótce rangę duchowej stolicy Polski, w tym bowiem przeszło stuletnim okresie niewoli czynnikiem spajającym wszystkie trzy zabory była kultura. Ojczyzna — to był wspólny język, wiara, nauka i sztuka. Kraków przeżył wówczas niespotykany rozkwit artystyczny i intelektualny, stając się, zwłaszcza w okresie Rzeczypospolitej Krakowskiej, celem licznych pielgrzymek Polaków, którzy przybywali tu jak do narodowej relikwii. Atmosfera tego panteonu pamiątek pomagała Polakom przetrwać trudny okres i wierzyć w odrodzenie Ojczyzny. Tę szczególną rolę Krakowa nadzwyczaj trafnie określił Wincenty Pol, który pisał: „Kraków! Kraków! Co w tym jednym słowie leży dla Polaka! Wjeżdżając do Krakowa, kto nie był Polakiem ten się nim staje." Podobnych wypowiedzi można by mnożyć. Miasto to było, by posłużyć się słowami wieszcza Adama Mickiewicza: „Kolebką starej Rzeczypospolitej! Grobowcem naszych bohaterów ! Rzymem Słowiańskim!"

Wawel nadal pełnił rolę nekropolii — choć już nie królewskiej; grzebano tam bohaterów narodowych i wieszczów. W roku 1817 w podziemiach katedry spoczął Książę Józef Poniatowski,a w rok potem Tadeusz Kościuszko, któremu usypano opodal Krakowa kopiec, nawiązujący kształtem do prehistorycznych mogił Krakusa i Wandy. Pogrzebano na Wawelu także poetów Adama Mickiewicza w 1890 r. i w 1927 r. Juliusza Słowackiego.

W drugiej połowie XIX wieku — w okresie tzw. autonomii galicyjskiej — wzrosło znaczenie Krakowa jako centrum nauki i kultury polskiej. Przydano mu nawet miano „Polskich Aten". W nauce prym wiódł uniwersytet oraz powstała w roku 1872 Akademia Umiejętności; towarzyszyła temu niespotykana dotąd „eksplozja" talentów.

Związana z uniwersytetem inteligencja krakowska nadawała ton miastu. Profesorowie Almae Matris inicjowali uroczystości patriotyczne, jak rocznica odsieczy wiedeńskiej, czy zwycięstwa grunwaldzkiego, zyskujące ogólnopolski, a nawet i europejski rozgłos, a służące „praojcom na chwałę, braciom na otuchę", jak głosi napis na cokole Pomnika Grunwaldzkiego, ufundowanego przez wybitnego pianistę i kompozytora, Ignacego Paderewskiego w pięćsetną rocznicę zwycięstwa króla Jagiełły nad Zakonem Krzyżackim. W roku 1880 utworzono następną nekropolię: w krypcie pod kościołem Paulinów na Skałce umieszczono sarkofagi zasłużonych dla kultury polskiej. Pogrzebano tam m. in. Teofila Lenartowicza, Józefa Ignacego Kraszewskiego, Henryka Siemiradzkiego, Adama Asnyka, Stanisława Wyspiańskiego, Jacka Malczewskiego, Karola Szymanowskiego. W atmosferze kultu dla pamiątek ojczystych rozwijała się polska nauka historii, archeologia, historia sztuki; powstawały liczne kolekcje muzealne. W roku 1876 książęta Czartoryscy przekazali do Krakowa swoje imponujące zbiory artystyczne i pamiątki narodowe (m. in. obrazy: Leonarda da Vinci „Dama z łasiczką" i Rembrandta „Krajobraz z miłosiernym Samarytaninem"). W 1879 roku założono Muzeum Narodowe, które eksponuje głównie sztukę polską, poczynając od średniowiecza aż po czasy współczesne. Kraków stał się bardzo ważnym ośrodkiem zarówno muzealnictwa, jak i prywatnego kolekcjonerstwa. Poza tym tętnił życiem prawdziwie artystycznym, by tylko wymienić wspaniale rozwijający się teatr czy patriotyczną twórczość Jana Matejki, niezrównanego malarza historycznego, kształtującego przez swe dzieła świadomość narodową wielu pokoleń Polaków.

W tymże okresie nastąpił gwałtowny rozwój urbanistyczny i architektoniczny Krakowa, przy czym działający wtedy architekci – Zygmunt Hendel, Sławomir Odrzywolski, Tomasz Pryliński, Tadeusz Stryjeński, Jan Zawiejski – wzorowali się na współczesnej im sztuce zachodnioeuropejskiej, wznosząc imponujące budynki, zadziwiające doskonałością formy i techniką budowlaną. W tym też czasie rodzi się nowoczesna metoda konserwacji zabytków, której przykładem są Sukiennice, odrestaurowane w 2. połowie XIX wieku przez Tomasza Prylińskiego przy współudziale Jana Matejki.

Na przełomie stuleci XIX i XX prym w kulturalnym życiu Krakowa wiodła bohema artystyczna, powiązana z najnowszymi prądami, docierającymi do nas z Zachodu. To okres tzw. Młodej Polski. Tworzyli wówczas: Stanisław Wyspiański, Józef Mehoffer, Leon Wyczółkowski, Julian Fałat, Jan Stanisławski, by wspomnieć samych koryfeuszy sztuki. Artyści gromadzili się w kawiarni, zwanej Jamą Michalika, gdzie powstał słynny kabaret artystyczny „Zielony Balonik".

Równocześnie w przededniu wybuchu pierwszej wojny światowej Kraków stał się polskim Piemontem. Tu rodziły się ruchy niepodległościowe i stąd wyruszyły do boju o wyzwolenie ojczyzny Legiony pod wodzą Józefa Piłsudskiego. Kraków urósł do rangi symbolu polskości. Świetnie to odczuł Stanisław Wyspiański, pisząc: „Tu, wszystko jest Polską, kamień każdy i okruch każdy, a człowiek, który tu wstąpi staje się Polski częścią... otacza was Polska wieczyście nieśmiertelna".

Po odzyskaniu w 1918 roku niepodległości Kraków, choć położony na peryferiach odrodzonego państwa, nadal pozostał poważnym ośrodkiem kultury i nauki. Czołową pozycję w nauce zapewnił mu uniwersytet oraz świetnie działająca Polska Akademia Umiejętności. Po pierwszej wojnie światowej zakończono prace przy odnowieniu Wawelu, urządzono również wnętrza zamku królewskiego, przywracając im – choć tylko częściowo – dawny charakter rezydencji monarszej. Perłą wawelskiej kolekcji stały się arrasy Zygmunta Augusta i zrekonstruowany skarbiec koronny.

Przedwojenny Kraków – co godne jest podkreślenia – tętnił życiem towarzyskim i artystycznym, którego osią byli wybitni ludzie nauki i sztuki, rozmaitych orientacji politycznych.

Kres spokojowi i dystyngowanej wielkości królewskiego miasta położył wybuch drugiej wojny światowej i najazd faszystowski na Polskę. Okupant hitlerowski rozpoczął brutalną akcję eksterminacyjną wobec polskiej inteligencji. Zamknięto uniwersytet. Aresztowano profesorów krakowskich wyższych uczelni, skazując ich na kaźń obozów koncentracyjnych. Z rozmysłem niszczono zabytki. Wawel zamieniono na rezydencję generalnego gubernatora, Hansa Franka. W pobliżu Krakowa, w Oświęcimiu i Brzezince, okupanci założyli obóz koncentracyjny. Dopiero styczeń 1945 roku, kiedy to Kraków został wyzwolony przez Armię Radziecką, położył kres tym represjom.

Wróciła wolność, nadszedł czas budowania nowego, sprawiedliwego ładu społecznego, otwarła się nowa karta w dziejach miasta. W latach pięćdziesiątych wyrósł w pobliżu starego Krakowa kombinat metalurgiczny Huta im. Lenina wraz z nowoczesną dzielnicą mieszkaniową – Nową Hutą. Wkrótce powstały nowe osiedla, otaczając zewsząd stare miasto. I znów stał się Kraków stolicą kulturalną, miejscem licznych imprez artystycznych i ośrodkiem naukowym. Pod Wawelem tworzy najwybitniejszy polski kompozytor, Krzysztof Penderecki, tu również ma swoją siedzibę awangardowy teatr Cricot 2, któremu od lat przewodzi Tadeusz Kantor, artysta o międzynarodowej sławie. Prawdziwym fenomenem kulturalnym współczesnego Krakowa jest – działający od roku 1956 – kabaret artystyczny „Piwnica Pod Baranami", pod egidą Piotra Skrzyneckiego. Jest Kraków miastem muzeów, teatrów, z jego sławnym Teatrem Starym, miastem wyższych uczelni o rozmaitych dziedzinach kształcenia.

Niedługo po wojnie przeprowadzono reorganizację Uniwersytetu Jagiellońskiego, wyodrębniając z niego nowe wyższe uczelnie: Akademię Medyczną i Akademię Rolniczą. Tu, w murach prastarego uniwersytetu, kształcił się Karol Wojtyła – obecny papież Jan Paweł II – niegdyś aktor w konspiracyjnym teatrze z czasów wojny, także dramaturg i poeta, później ksiądz, wreszcie biskup Krakowa, skąd powołano go do stolicy św. Piotra.

Do współczesnego Krakowa ciągną rzesze turystów z całego niemal świata. Chcą poznać miasto papieża i Mikołaja Kopernika, prastary gród

Piastów i Jagiellonów, miejsce wiecznego spoczynku królów i bohaterów narodowych, dawną stolicę Polski, z jej pięćdziesięcioma pięcioma zabytkami architektury monumentalnej, z górą trzystoma stylowymi kamienicami i ponad dwoma milionami najwyższej klasy dziełami sztuki. To wyjątkowe bogactwo artystyczne sprawiło, że Kraków został wyróżniony przez UNESCO wpisaniem na listę, światowego dziedzictwa kulturalnego, co określiło jego rangę w kulturze światowej.

Niestety, Kraków ma olbrzymie trudności, związane z pełną odnową i zabezpieczeniem zabytków, którym zagraża zniszczenie. Problem ten znalazł pełne zrozumienie u najwyższych władz państwowych, które roztoczyły opiekę nad podwawelskim grodem. Odnowę Krakowa uznano za patriotyczny obowiązek całego narodu, apelując również do rozproszonej po świecie Polonii. W roku 1978 powołano Społeczny Komitet Odnowy Zabytków Krakowa, powstał, obliczony na dziesięciolecia, plan prac renowacyjnych. ,,Nikogo z nas nie powinno zabraknąć w powstającym przymierzu polskich serc i rąk. Odnowa Krakowa winna dokonywać się przy współudziale wszystkich Polaków. Troska o zachowanie bezcennych świadectw tradycji narodowej to wyraz szacunku dla naszego rodowodu, niezbędny składnik prawdziwego patriotyzmu." Słowa apelu Komitetu nie pozostały bez echa. Wiele instytucji i osób prywatnych w kraju i za granicą włączyło się do walki o ratowanie nagromadzonych w ciągu wieków w Krakowie skarbów kultury. Od wyników owej walki zależy przyszłość naszego miasta.

CRACOW
WORLD
CULTURAL
HERITAGE

On the authority of a historic decision of UNESCO in September of 1978, Cracow, a splendid urban complex, was placed on the list of sites of World Natural and Cultural Heritage. When substantiating their decision, the experts wrote: "Cracow's historical and architectural heritage spans a period of nearly one thousand years, it ranks among the other great artistic and cultural complexes of highest value in Europe. Among its monuments of architecture, the Wawel Castle occupies the most prominent position as a seat of authority and the residence of dynasties ruling the country since the time when the Polish State was formed. In the sixteenth century it was one of the main centres of letters. The castle itself provides an excellent example of Florentine Renaissance outside Italy. It houses precious works of art dating to various epochs. On Wawel Hill, which is the most characteristic and captivating element of the Cracow landscape, there stands a cathedral where the kings of Poland are buried. The temple was erected in the years 1320—64 to replace former Romanesque churches which had been built centuries earlier. In the thirteenth century, following a detailed plan, a basic lay-out of the streets in the centre was established with the market square as the starting point. The Main Market Square, measuring 200 by 200 metres, remains the largest area serving such a function in Europe. Elements of the original medieval structures in the Square have been restored, as well as the fortifications surrounding the town.

To the south of medieval Cracow, by way of the old road to the Wieliczka Salt Mine, lies the old town of Kazimierz. It was founded by King Casimir the Great in 1335. The original pattern of streets and building lots is clearly visible to this day. The ghetto of this old town — in the fifteenth and sixteenth centuries a prominent centre of Jewish culture — had preserved its character until the Second World War when it was for the most part destroyed by the occupying German troops. Today, Kazimierz constitutes an integral part of the city of Cracow.

Between old Cracow and Kazimierz lies an old suberb commonly known as Stradom. Located along the roads which once joined the aforementioned towns, beyond Wawel Hill, Stradom hosts two monasteries: the Bernardine and the Missionary Orders, founded in the fifteenth and seventeenth centuries, respectively.

Cracow bequeathes its posterity with its unique collection of ancient monuments of culture — truly outstanding works of art and architecture."

Two questions suggest themselves at this point: What position does Cracow actually hold in Polish culture, so closely connected with the culture of Europe? And, what unique values does Cracow contribute to the treasury of world heritage?

Situated on the Vistula, the largest of Polish rivers, over three centuries ago Cracow acquired the honourable title of *totius Poloniae urbs celeberrima* which means that of all Polish towns it is the most magnificent. The same may be said today of the town, as Cracow abounds in historic monuments and relics of the past closely tied to the Polish national identity. At the beginning of our century, the writer and literary critic, Wilhelm Feldman, wrote: "Whoever desires to understand the spirit of Poland should search for it in Cracow." And rightly so, for it is here, in this town, among its Romanesque, Gothic,

Renaissance and Baroque structures, to the charming sound of tolling bells and the enchanting bugle tune sounded every hour on the hour from a tower of St. Mary's Church, that one may sense the feeling of Polishness at its strongest.

The origin of Cracow dates back to early Middle Ages. Two prehistoric mounds commemorating two legendary rulers, Krakus and his daughter Wanda, seem to bear witness to the ancient origin of the town. The oldest references to it come from the mid-tenth century, i.e. the period when after the year 966 Poland joined the family of Christian countries in Europe. Our first description of Cracow (located at that time at the crossroads of important trade routes) comes in the year 965 from a merchant from Cordoba, Ibrahim ibn-Jakub. At the end of that century Cracow was incorporated into the Polish State, at that time ruled by the dynasty of Piasts. The Rotunda of Virgin Mary, built of stone, which was discovered just over half a century ago and which may well have witnessed the baptismal of Prince Mieszko I, must have been a tacit spectator of those stormy years. In the year 1000 a bishopric was established in Cracow; this time also marks the erection of the first Romanesque structures on Wawel Hill. Since the mid-eleventh century the Wawel Castle has been the main seat of Polish rulers, and in the same century, under the reign of King Casimir the Restorer, Cracow became the capital of a wide-spread country, and served as such until the end of the eighteenth century, that is to the decline of the Polish State. Here, at the Wawel the coronation insignia were kept, and it was here again that a famous cathedral school was founded, an institution to educate men to serve the Church and the State. Ducal and episcopal courts at the Wawel created an appropriate intellectual climate which promoted the production of outstanding works of art and led to achievements in science. At that time, Cracow was a wealthy and populous town. Wawel Hill with its Romanesque Cathedral, fortified castle, and churches — dominated the environs. On the north, below the hill, the section which today constitutes the centre of Cracow, began to take shape. A defensive structure incorporating a Romanesque Church was erected there under the invocation of St. Andrew, and in the tenth century a Romanesque St. Adalbert's Church was built further on, at the spot where the Main Market Square was later established.

These oldest structures were destroyed by the Tartars in 1241. Sixteen years later, on the initiative of the ruling Prince Boleslas the Shy, Cracow was granted civil rights. To this day the logic, sense of perspective, maturity and dynamism of the urban planning hold a spectator spellbound. The chartered town took in the former Romanesque structures. Cracow's Main Market Square is considered one of the finest in Europe, not unlike that of St. Mark's in Venice or St. Peter's at the Vatican City. After its founding the town experienced its first boom, and the masterpieces of medieval art then created still adorn the city. In the first half of the thirteenth century two monumental temples were built — the Dominican and the Franciscan Churches. And at Mogiła, to the east of Cracow, the Cistercian Abbey was erected. In the last quarter of the thirteenth century the city fortifications were started. They were completed at the close of the medieval period. Unfortunately, the fortifications surrounding the town were torn down at the beginning of the nineteenth century to be replaced by a belt of greenery called the Planty Park. The remaining fragments, among them St. Florian's Gate and the Barbican, cast a spell with their charm to this day.

In the fourteenth century Cracow became the site of coronation cere-monies as well as the royal necropolis for it was at Wawel Cathedral that the kings and their families were buried. King Ladislas the Short was the first monarch enthroned at the Wawel, and he was also the first to be buried in the vaults of the cathedral. At that time, i.e. in the mid-fourteenth century, the former Romanesque cathedral was turned into a magnificent Gothic structure which survived to our times as a most imposing artistic and historical monument. The names of its sponsors and creators found a permanent place in the history of national culture.

Under the reign of Ladislas' successor, King Casimir the Great — a gene-rous patron of art and promotor of learning — the town developed further, gradually taking on a Gothic attire. Numerous artists and craftsmen organized in guilds adorned the city with their works ordered by the court or wealthy burghers inhabiting the capital proper as well as two adjoining towns of Kazimierz and Kleparz which were founded by the last of the Piasts. It was then that together with the Wawel Cathedral, monumental churches in the Gothic style were erected: St. Mary's Parish Church in the Main Market Square, as well as St. Catherine's and the Church of Corpus Christi at Kazimierz.

It is also to Casimir the Great that Poland owes the foundation of a university — second oldest, after Prague, in central Europe — which on the blessing of the Apostolic See was established in 1364. At the time the Kingdom of Poland suffered from a great shortage of educated men, especially doctors and lawyers, and this demand could only be met by founding a university. The Piast dynasty ended together with the death of King Casimir. Afterwards, the rule passed into the hands of the Hungarian Angevin House: Louis d'Anjou and his daughter Jadwiga (Hedvig). The year 1385 brought with it the Polish-Lithuanian union. A year later the Grand Duke of Lithuania, Ladislav Jagiello, whose reign lasted until 1434, was given Jadwiga's hand in marriage together with the Polish throne. Thus Cracow became the capital of a wide-spread Jagiellonian Empire which encompassed Polish, Lithuanian and Ruthenian lands. Owing to a generous bequest by Queen Jadwiga, and the endeavours of Jagiełło, the university was revived in 1400, and since then it has functioned in spite of the vicissitudes of time. The University of Cracow at the very start of its existence became an outstanding scholarly centre and splendid school of political thought as evidenced by its graduates, to mention but a few: Paweł Włodkowic, who achieved great notoriety at the Constance Oecumenical Council, or the greatest of them, Nicolaus Copernicus, who studied here at the end of the fifteenth century. At that time scholars of this magnificent *Alma Mater* erected a splendid building called "Collegium Maius", which today houses the Museum of the Jagiellonian University.

In the fifteenth century the capital of Poland boasted of monumental churches with richly decorated interiors. Beautiful altars, magnificent stained-glass windows, paintings and priceless liturgical vessels brought fame to Cracow's goldsmiths, painters and sculptors. Such artifacts as the Holy Trinity Triptych at the Wawel Cathedral, the Dominican and Augustinian poliptychs, all painted in the second half of the fifteenth century, provided excellent examples of guild artistry. The Cracow churches were highly-regarded for their friezes preserved to this day at the Franciscan, Dominican and Augustinian monasteries, as well as for the polychromy painted by the Masters of Pskov in the Chapel of the Holy Cross in the Wawel Cathedral.

At the end of that century the greatest sculptor of the Middle Ages, Master Wit Stwosz, came to Cracov from Nuremberg. Commissioned by the burghers of Cracow in 1477 to carve the main altar for St. Mary's Church, he completed the work in 1489. The masterpiece is striking in its unusual expressiveness. Wit Stwosz also hammered a tombstone for King Casimir IV at the Wawel Cathedral, a stone crucifix for St. Mary's Church, as well as a tombstone of a famous humanist Filippo Kallimachus-Buonacorsi. It was at that time that the Barbican was built, one of the finest examples of defensive architecture of its kind.

At the end of the fifteenth century, a walled city of uniquely Jewish colour was established in the eastern part of Kazimierz. Several synagogues were erected there, among them the Old Synagogue and Remu'h Synagogue, the latter in the middle of a Jewish cemetery.

The Renaissance epoch and the reign of the last two Jagiellons — Sigismund I the Old and Sigismund Augustus — mark the golden age of Cracow. Under royal orders, the Gothic Wawel Castle was rebuilt in the Renaissance style. An imposing structure, the gorgeous arcaded courtyard was the masterpiece of Italian architects: Florentine della Lora and Bartolomeo Berecci. It was Berecci whom King Sigismund I entrusted with the building of a sepulchral chapel, later called the Sigismund Chapel. The greatest achievement of Polish Renaissance often described as the "pearl of the Renaissance this side of the Alps", the chapel became the place of eternal rest for the last Jagiellons. Its interior, designed by Italian artists Giovanni Cini and Giovanni Maria Padovano, dazed the spectator with its lavish ornamentation serving as a background for royal monuments. Sepulchral monuments of King Sigismund Augustus and Queen Anna Jagiellonka were chiselled by Santi Gucci. Soon secular and ecclesiastical dignitaries followed the regal suit: bishops Piotr Tomicki and Piotr Gamrat had sepulchral chapels, comparable in shape to the Sigismund Chapel, built at the Wawel Cathedral. In addition, the chapels of Andrzej Zebrzydowski and Filip Padniewski are worth of note. The latter two were built by the architect and sculptor of Urzędowo, also called "a Polish Praxiteles."

King Sigismund Augustus, wishing to decorate the castle, ordered a set of tapestries to be woven at the best Brussels workshops. To this day they are the gems of the Wawel Royal Castle Collections, and exemplify the great artistic sense of the Polish monarch whose cultural patronage equalled or even suprassed his contemporary European rulers.

The death of King Sigismund Augustus marked the end of the Jagiellon dynasty. Thus Poland entered the period of elective monarchy. Cracow still remained the formal capital. The centre of political gravity, however, was transferred to Warsaw, and in so doing, Warsaw gained considerable importance.

Cracow at the time of the Renaissance was not only associated with the Wawel, but it was also a flourishing busy town. The wealthy patrician families of Kaufmann, Betman, and Boner donated several works of art to the town, mainly to St. Mary's Church. Masters of the rank of Hans Suess of Kulmbach or Giovanni Maria Padovano left their works here. The Boners donated two sepulchral plaques ordered at the Vischers' workshop in Nuremberg. After the great fire of 1555, the old Gothic Cloth-Hall was rebuilt in the Renaissance style by the architects Pankracy, Giovanni Maria Padovano and Santi Gucci. The burghers' tenements, as well, were rebuilt and turned into true palaces.

In the sixteenth century Polish culture almost equalled the level of European culture. Cracow was an indisputable cultural centre as a city renowned for its rich cultural and intelectual life. Among others, this culture gave birth to such outstanding artists as the fathers of Polish literature, Mikołaj Rej and Jan Kochanowski.

The seventeenth century inaugurated a new era in the history of culture in Cracow. Until the mid-eighteenth century the Baroque style ruled unchallanged, adopted by Poland from papal Rome. Foremost a consummate connoisseur and patron of arts, King Sigismund III the Vasa promoted all artistic undertakings. Within this sphere of patronage worked the Italian architect Giovanni Battista Trevano who remodelled the northern wing of the Royal Castle in the Baroque style, as well as the Church of Sts. Peter and Paul, and the Chapel-Mausoleum of St. Stanislas which occupies the central position in the Wawel Cathedral.

In the third decade of the seventeenth century, the Cameldolite Church at Bielany was completed by the architect Andrea Spezza who designed this extraordinary structure dominating the eastern suburbs of the city in the late Mannerist style.

In 1609 King Sigismund III left Cracow for the Moscow wars. After a decisive victory at Smolensk, the monarch did not return to Cracow but took quarters in Warsaw and in this way Warsaw became the royal residence. Cracow, though still the formal capital, in reality assumed only the role of a national sanctuary and was revived to importance on occasions of coronations and burial ceremonies. In the second half of the seventeenth century the town was twice destroyed by Swedish invaders, yet every time Cracow rose like Phoenix from the ashes. At the close of the seventeenth century, on the instigation of university professors, St. Ann's Church was erected, the finest example of Polish Baroque. This was the joint work of the outstanding Dutch architect Tylman of Gamoren and Italian sculptor Balthasar Fontana. It is to the latter that we owe the interior stucco decoration of this shrine. Fontana was also the creator of the interior decoration of St. Andrew's Church, as well as other stuccoes in burghers' houses. This artist's style is comparable to the works of Gian Lorenzo Bernini, the leading master of Roman Baroque. The decoration of St. Ann's Church marks the reign of the colourful, dynamic Baroque style, artistically accepted in the eighteenth century.

The first half of the eighteenth century brought about the creation of outstanding works, mainly those by two architects: Kasper Bieżanka – the creator of the Missionary Church at Stradom, and Francesco Placidi – the builder of the Trinitarian Church at Kazimierz and the façade of the Piarist Church. Here also, the remodelling of the ecclesiastical complex commonly known as "the Rock", remaining under the care of the Pauline Fathers and closely connected with the worship of the patron saint of Poland St. Stanislas, should be brought to attention. This monumental Baroque shrine is the work of Anthony Gerard Müntzer and Antonio Solari.

Baroque culture left its strong mark in Cracow. Gothic churches were rebuilt in the new style and furnished with Baroque altars, sculptures, and paintings (the Church of Corpus Christi at Kazimierz, the Carmelite Church at Piasek, and the Bernardine Church at Stradom). Burghers' houses were changed to a great extent as well. Alongside Gothic, the Baroque style – and Roman Baroque at that – blended into the culture of Cracow.

At the close of the eighteenth century, Cracow underwent major political and cultural changes in the spirit of the Enlightenment. Educational institutions were reformed, among them, the Academy of Cracow. Medical studies were considerably reorganized. A new university clinic was founded. The Botanical Gardens and an Astronomical Observatory were established. The town witnessed great historic events: in 1794 under the command of Tadeusz Kościuszko the nation stood in defence of integrity and sovereignty of the country. Unfortunately, this uprising came to no avail. In 1795 the three occupying powers, Russia, Austria, and Prussia, partitioned the remaining Polish lands. Cracow fell under Austria and, with the exception of the period between 1809 and 1849, remained under the Habsburg rule until 1918.

Soon the town acquired the position of spiritual capital of Poland, all the more so as for over a century of bondage, culture was the main element uniting all three annexed territories. The Motherland was associated with common language, religion, Polish learning and art. It was then that Cracow reached its artistic and intellectual peak. The town became – especially at the time of the Free State of Cracow – the destination of a great many pilgrimages with Poles coming to see the national treasures. The atmosphere pervading this pantheon of monuments raised the spirits and helped Poles to survive difficult times with the hope that the Motherland would soon be reborn. This special role was accurately grasped by the writer Wincenty Pol: "Cracow! Cracow! What a great deal this one word suggests to every Pole! When entering Cracow one who is not a Pole will certainly become one." This is but an example of the feeling, and to employ the words of the poet Adam Mickiewicz, this town was "The cradle of the Old Commonwealth! The sepulchre of our heroes! A Slavic Rome!"

The Wawel still served as a necropolis. While royalty were no longer buried there, other national heroes and the great poets were. In 1817 Prince Józef Poniatowski was consigned to his grave in the vaults of the cathedral. A year later Tadeusz Kościuszko was also honoured with a man-made mound resembling the prehistoric tombs of King Krakus and his daughter Wanda. The poet Adam Mickiewicz was buried at Wawel in 1890, Juliusz Słowacki in 1927.

In the second half of the nineteenth century, during the time of so-called autonomy of Galicia, Cracow assumed the role of the centre of Polish learning and culture. The town was referred to as the "Polish Athens". The University of Cracow and the Cracow Learned Society established in 1872, renamed later the Academy of Science and Letters, took the lead, and an unusual "explosion" of talents was noted.

Intelligentsia connected with the university played the leading role in the flowering of talent in Cracow. Professors instigated patriotic celebrations such as the anniversary of the Relief of Vienna and the victory at Grunwald receiving national and even European attention. Such celebrations were meant "to credit our ancestors and to raise the spirit of brotherhood", as inscribed on the plinth of the Grunwald Monument founded by the great pianist and composer Ignacy Paderewski on the 500th anniversary of King Jagiełło's victory over the Teutonic Order. In 1880 a new necropolis was established, and new sarcophagi of those who contributed greatly to Polish culture were placed in the vaults of the Pauline Church. Among others the poet Teofil Lenartowicz, the writer Józef Ignacy Kraszewski, the painter Henryk Siemiradzki, the poet Adam Asnyk, the playwright and painter Stanisław Wyspiański, the painter Jacek Malczewski, and the composer Karol Szymanowski were buried there. In this atmosphere of devotion to national relics, the Polish learning of history, archeology, and history of art developed, and many museum collections were founded. In 1876 the Czartoryski House of Dukes donated its remarkable collection of works of art as well as national relics to museums in Cracow (among others Leonardo da Vinci's "Lady with an Ermine" and Rembrandt's "Landscape with a Good Samaritan"). In 1879 the National Museum was founded, exhibiting mainly Polish art from the Middle Ages to contemporary times. Thus Cracow became an important centre of museology as well as private collectorship. The town was vibrant with artistic life as evidenced by a prospering theatre, with a patriotic production of Jan Matejko, the unequalled painter of historical pieces who through his works shaped the national consciousness of many Polish generations.

This time marks a period of rapid urban and architectural development of Cracow. The architects patterned their designs on West European art of the time. This period saw modern methods of conservation introduced. The Cloth-Hall renovated by Tomasz Pryliński assisted by Jan Matejko, in the second half of the nineteenth century is the best example.

At the turn of the nineteenth century, the cultural life in Cracow was predominated by artistic Bohemia closely following the newest western trends of the time. This period is called "Young Poland" and among its most prominent representatives Stanisław Wyspiański, Józef Mehoffer, Leon Wyczółkowski, Julian Fałat, and Jan Stanisławski should be listed. The artists had their meetings at the coffee-shop called "Jama Michalikowa" (the Michalik Cave) which was also the birthplace of a famous cabaret "Zielony Balonik" (The Green Baloon).

At the same time, right before the outbreak of the First World War, Cracow became a Polish Piedmont. It was here that the independence movement originated and the Legions led by Marshall Józef Piłsudski set out to fight for the liberation of the Motherland. Cracow grew to be the symbol of Polishness. Stanisław Wyspiański sensed it perfectly when writing: "Here everything is Poland herself, every stone and every speck of dust, and a man who stops in here becomes a part of Poland... you are surrounded by Poland eternally immortal."

After regaining independence in 1918, Cracow, though situated far away from the centre of the reborn state, still remained an important place of culture and learning. The leading role was secured by the University and a dynamic Academy of Science and Letters. After the Second World War the Wawel complex was renovated and the castle restored to its old appearance of a royal residence. The tapestries of King Sigismund Augustus together with the reconstructed royal treasury became the true gems of the Wawel Collections.

The Fascist invasion, i.e. the outbreak of the Second World War, put an abrupt end to the peaceful and dignified existence of the royal city. Nazi occupants immediately embarked on a brutal annihilation of the Polish intelligentsia. The University was closed down, professors of the Cracow schools were arrested and sent to concetration camps. Relics of the past were being deliberately and systematically destroyed. The Wawel was turned into the residence of governor general Hans Frank. The occupying forces established a concetration camp in the vicinity of Cracow, at nearby Auschwitz and Birkenau. It was in January of 1945 when Cracow was liberated by the Soviet Army that the repression was finally put to an end.

With freedom regained and the advent of a new social order, a new chapter in the town's history opened up. In the fifties in the immediate vicinity of old Cracow there grew a metallurgical plant and a new modern housing district called Nowa Huta. Soon more housing estates were built around the old town. And again Cracow possessed a strong position on the cultural scene as a centre of learning and a place of various artistic events. It is at the foot of Wawel Hill that the greatest living Polish composer, Krzysztof Penderecki, created his masterpieces, and it is here again the vanguard theatre Cricot 2, for many years directed by the artist of international fame, Tadeusz Kantor, finds its abode. A true cultural phenomenon of contemporary Cracow, the artistic cabaret "Piwnica pod Baranami" (The Rams Cellar), led by Piotr Skrzynecki, has performed since 1956. Cracow is a city of museums, theatres — with the famous Stary (Old) Theatre — and various schools.

A few years after the war, the Jagiellonian University underwent a reorganization and two new schools emerged from it: the Academy of Medicine and the Academy of Agriculture. It was from the University that Karol Wojtyła graduated, today Pope John Paul II. Pope John Paul II was once an actor in a conspirational theatre of war time, a playwright and poet, later priest, and then the bishop of Cracow, the post from which he was summoned to the throne of St. Peter.

A multitude of tourists come to Cracow from all over the world. They wish to see the town of the Pope and Nicolaus Copernicus, the ancient city of the Piasts and the Jagiellons, a place of eternal rest of kings and national heroes, the old capital of Poland with its 55 relics of monumental architecture, over 3 hundred period tenements, and over 2 million works of priceless art. This unusual artistic wealth prompted UNESCO to distinguish Cracow by entering its name on the list of places of world cultural heritage which in turn appropriates Cracow its due rank in world culture.

Unfortunately, Cracow faces great difficulties in the programme of complete renovation as well as in the maintenance of its monuments. This problem is fully appreciated by the highest state authorities who took the city at Wawel under special protection and care. The renovation of Cracow was proclaimed the patriotic duty of the whole nation, and appeals have been made to Polonia abroad. In 1978 the Citizens' Committee for Restoration of Monuments of Cracow was founded, and a plan for renovation work was prepared. "No one should be missing in this alliance in the making of Polish hands and hearts. Cracow should be restored with all Poles cooperating. Utmost care in preserving the priceless evidence of national tradition will best signify to the respect paid to our origin which constitutes an indispensable element of true patriotism." This appeal of the Committee met with great response. A great deal of institutions and individuals in Poland and abroad joined in the struggle to save priceless treasures gathered throughout the centuries. The future of our town depends on the results of this effort.

KRAKAU
WELTKULTUR-ERBE

Aufgrund des historisch wichtigen Beschlusses der UNESCO vom September 1978 wurde Krakau als einer der hervorragendsten Stadtkomplexe in das Verzeichnis des Weltkultur- und Naturerbes eingetragen. In dem Expertengutachten lesen wir: „Das historische und architektonische Zentrum von Krakau, das sich im Laufe von fast tausend Jahren herausbildete, ist einer der bemerkenswertesten Kunst- und Kulturkomplexe Europas. Unter den Architekturdenkmälern steht das Wawelschloß, der Machtsitz und die Residenz der seit der Entstehung des polnischen Staates regierenden Dynastien an der Spitze. Im XVI. Jh. war es eines der Hauptzentren der Literatur und Kultur. Das Schloß ist ein hervorragendes Beispiel der Florentiner Renaissance außerhalb von Italien. Es birgt wertvolle Kunstwerke aus vielen Epochen. Auf dem Wawelhügel (...) befindet sich der Dom, in dem polnische Könige bestattet wurden. Er wurde in den Jahren 1320–1364 auf der Stelle der alten romanischen Kirchen gebaut, deren Bau 300 Jahre früher begonnen wurde. Aufgrund eines detaillierten Entwurfs wurde im XIII. Jh. der Straßengrundriß in der Stadtmitte abgesteckt. Die Straßen gehen von dem zentral gelegenen, 200 × 200 m großen Hauptmarkt ab, der bis heute der größte Platz von dieser Funktion in Europa ist. Die einzelnen Elemente dieser original mittelalterlichen Bebauung des Hauptmarktes samt den die Stadt umgebenden Befestigungsmauern wurden renoviert. Südwärts des mittelalterlichen Krakau, an dem ehemaligen Weg nach Wieliczka, liegt die damalige alte Stadt Kazimierz, die 1335 von Kasimir dem Großen gegründet wurde. (...) Das Getto dieser alten Stadt – Zentrum der jüdischen Kultur im XV. und XVI. Jh. – bewahrte seinen Charakter bis zum II. Weltkrieg. Während der Okkupation wurde es teilweise von den Faschisten vernichtet. Heutzutage bildet Kazimierz einen Integralteil von Krakau.

Zwischen dem alten Krakau und Kazimierz liegt die alte Vorstadt, Stradom genannt, die an den diese zwei Städte verbindenden Wegen hinter dem Wawelhügel entstand. In Stradom befinden sich zwei Klöster: der Bernhardiner und der Missionare, die aus dem XV. und XVII. Jh. stammen.

Krakau übergibt der Nachwelt diese einzigartige Kollektion der Kulturdenkmäler der vergangenen Jahrhunderte – hervorragende Kunst- und Architekturwerke."

Es ergibt sich also die Frage nach dem Rang von Krakau in der polnischen Kultur, die seit tausend Jahren mit der europäischen in Verbindung steht. Mit welchen eigenen Werten hat Krakau zum internationalen Kulturerbe beigetragen?

An der Weichsel, dem größten der polnischen Flüsse gelegen, bekam Krakau vor mehr als 300 Jahren den ehrenvollen Namen: *totius Poloniae urbs celeberrima,* was bedeutet, daß es von allen Städten Polens die hervorragendste ist. Dasselbe läßt sich heute noch von Krakau behaupten, weil es eine Stadt voller Kunst- und Geschichtsdenkmäler ist, die die polnische Nationalidentität auf eine besondere Weise zum Ausdruck bringen. Am Anfang unseres Jahrhunderts schrieb Wilhelm Feldmann, ein hervorragender Schriftsteller und Literaturkritiker: „Wer die Seele Polens kennenlernen möchte, der suche sie in Krakau." Sehr treffende Worte sind es, weil eben hier, in dieser Stadt, unter ihren romanischen, gotischen, Renaissance- und Rokokobauten, bei bezaubernden Tönen der Krakauer Glocken und hinreißender Melodie des

Trompetenhejnals, das jede volle Stunde von dem Turm der Marienkirche ertönt – das Polentum am stärksten zu spüren ist.

Die Anfänge von Krakau reichen bis in das frühe Mittelalter hin. Zwei prähistorische Grabhügel der legendären Herrscher: Krakus und seiner Tochter Wanda scheinen den archaischen Ursprung der Stadt zu bestätigen. Die ältesten Erwähnungen über die Stadt stammen aus der Mitte des X. Jhs. d. h. aus der Zeit, in der Polen nach 966 in die christliche Familie europäischer Staaten aufgenommen wurde. Der Lage von Krakau an der Kreuzung wichtiger Handelsstrecken verdanken wir die Stadtbeschreibung aus dem J. 965, die von Ibrahim Ibn Jakub, einem Kaufmann aus Cordoba, stammt.

Gegen Ende des X. Jhs. wurde Krakau in den polnischen Staat einverleibt, der zu diesem Zeitpunkt von den Herrschern der Piastendynastie regiert wurde. Ein stummer Zeuge dieser stürmischen Epoche ist die vor über 50 Jahren entdeckte steinerne Rotunde St. Felix und Adauktus, die höchstwahrscheinlich um die Zeit der Taufe Herzogs Mieszko I. entstanden ist. Im J. 1000 wurde in Krakau ein Bistum gegründet und zur gleichen Zeit sind die ersten romanischen Bauwerke auf dem Wawelhügel entstanden. Seit der Hälfte des XI. Jhs. war das Wawelschloß der Hauptsitz der polnischen Herrscher. Zu dieser Zeit – unter Kasimir dem Erneuerer – wurde Krakau zur Hauptstadt eines Großstaates und erfüllte diese Funktion bis zum Ende des XVIII. Jhs. d. h. bis zum Ende der Existenz des polnischen Staates. Hier, auf dem Wawel wurden die Krönungsinsignien aufbewahrt, hier entstand auch im XI. Jh. die weltbekannte Domschule, die auf den Kirchen- und Staatsdienst vorbereitete. Der Herzog und der Bischof, die auf dem Wawel ihren Sitz hatten, schufen ein günstiges intellektuelles Klima, das die Entstehung hervorragender Kunstwerke und wissenschaftlicher Arbeiten begünstigte. Krakau war damals eine wohlhabende und verkehrsreiche Stadt. Über die Stadt ragte der Wawelhügel mit seinem steinernen romanischen Dom, der befestigten Burg und den zahlreichen Kirchen hervor. Auf der nördlichen Seite, am Fuße des Hügels, bildete sich der Kern der heutigen Stadtmitte heraus. An größeren Tempeln wurde hier die romanische Wehrkirche St. Andreas gebaut und dort, wo später der Hauptmarkt abgesteckt wurde, entstand im X. Jh. eine kleine romanische St. Adalbert-Kirche.

Dieser älteste Teil Krakaus wurde im J. 1241 von den Tataren vernichtet. 16 Jahre danach wurden Krakau, auf Anregung des damaligen Herzogs Boleslaus des Schamhaften die Stadtrechte verliehen. Bis jetzt bewundern wir Logik, Reife und Großzügigkeit des ganzen urbanistischen Komplexes: den großen Hauptmarkt, umgeben von einem geometrischen Straßennetz. Von dieser Lokationsstadt wurde die romanische Bebauung verdrängt. Der Krakauer Hauptmarkt gehört zu den schönsten Plätzen dieser Art in Europa und in seiner Großzügigkeit unterliegt er keinesfalls dem Markusplatz in Venedig oder dem Petersplatz im Vatikan. Nach der Verleihung der Lokationsakte kam es zu einer regen Entwicklung der Stadt und die damals entstandenen mittelalterlichen Kunstwerke bilden wirklich ihren wahren Schmuck. In der ersten Hälfte des XIII. Jhs. wurden – diesmal aus den Ziegelsteinen – zwei monumentale Tempeln gebaut: die Dominikanerr und die Franziskanerkirche, östlich von Krakau dagegen, in Mogiła, entstand die Zisterzinserabtei. In dem letzten Viertel des XIII. Jhs. begann man die Stadt mit einheitlichen Wehrmauern zu umgeben deren Bau gegen Ende des Mittelalters abgeschlossen wurde. Leider wurden diese Befestigungsbauten am Anfang des XIX. Jhs. abgerissen und an ihrer Stelle wurde der Grüngürtel „Planty" angelegt. Die Überbleibsel der Festungsmauer um das Florianstor und die Barbakane herum entzücken bis heute durch ihre Schönheit.

Seit dem XIV. Jh. war Krakau die Krönungsstätte und königliche Nekropole, weil in dem Waweldom unsere Könige und ihre Familien bestattet wurden. Der erste, auf dem Wawel gekrönte König war Ladislaus Ellenlang, der ebenfalls als der erste in den Katakomben des Doms beerdigt wurde. Zur gleichen Zeit – in der Hälfte des XIV. Jhs. – wurde der alte romanische Dom in ein großes gotisches Tempel umgestaltet, das bis zum heutigen Tag besteht. Er bildet das hervorragendste kunsthistorische Monument Polens, dessen Urheber und Stifter in der Geschichte der Nationalkultur verewigt bleiben.

Unter dem Nachfolger von Ladislaus Ellenlang, dem König Kasimir dem Großen, der ein großzügiger Kunstmäzen und Protektor der Wissenschaft war, kam es zu einer regen Entwicklung der Stadt, die sich allmählich in ein gotisches Gewand kleidete. Die zahlreichen Künstler und die in den Zünften vereinten Handwerker schmückten die Stadt mit ihren Werken. Diese entstanden im Auftrag des Hofes und der reichen Bürger, die die Hauptstadt und die anliegenden, von dem letzten Piasten gegründeten Städtchen Kazimierz und Kleparz bewohnten. Außer dem Waweldom wurden damals die monumentalen gotischen Kirchen: die Marienkirche am Hauptmarkt und die St. Katharina-Kirche sowie die Fronleichnamskirche in Kazimierz gebaut.

Kasimir dem Großen verdankt Polen auch die Stiftung der nach Prag zweitältesten Universität in Mitteleuropa, die mit Einverständnis des Apostolischen Stuhls im J. 1364 errigiert wurde. Das Königreich Polen verspürte nämlich seit langem einen Mangel an gebildeten Leuten, vor allem an Juristen und Medizinern und dem konnte nur eine Hochschule abhelfen. Der Tod des mächtigen Kasimir des Großen im J. 1370 bedeutete auch gleichzeitig den Untergang der Piastendynastie. Die Macht in Polen übernahmen die ungarischen Könige von Anjou: Ludwig der Große und seine Tochter Hedwig. Im J. 1385 kam es zur polnisch-litauischen Union. Den polnischen Thron und die Hand der jungen Königin Hedwig bekam ein Jahr später der litauische Großherzog Ladislaus Jagello, der bis 1434 herrschte. Krakau wurde zur Hauptstadt des großen Jagellonnenimperiums, das nicht nur die polnischen, sondern auch die litauischen und ruthenischen Gebiete umfaßte. Dank dem freigebigen Legat der Königin Hedwig und den Bemühungen Jagellos wurde die Universität trotz geschichtlicher Verwirrungen im J. 1400 erneuert und existiert ununterbrochen bis zum heutigen Tag. Die Krakauer Universität wurde schon am Anfang ihrer Tätigkeit zum führenden Wissenschaftszentrum und einer hervorragenden Schule der politischen Ideen — genannt seien bloß der Name von Paweł Włodkowic, der durch seine Gelehrsamkeit auf dem Konzil in Konstanz berühmt wurde, oder der berühmte Schüler der Alma Mater, Nikolaus Kopernikus, der dort gegen Ende des XV. Jhs. studierte. In dieser Zeit wurde von den Professoren der Universität das reizvolle und malerische Gebäude des Collegium Maius gebaut, das heutzutage das Museum für Geschichte der Jagellonen-Universität ist.

Die Hauptstadt Polens wurde im XV. Jh. durch ihre monumentalen Kirchen mit reicher Innenaustattung berühmt. Schöne Altäre, Kirchenfenster, Gemälde und wertvolle liturgische Gefässe brachten Krakauer Goldschmieden, Malern und Bildhauern Ruhm. Kunstwerke solcher Art, wie das Triptychon der Hl. Dreieinigkeit in dem Waweldom, die Polyptychons der Dominikaner- oder Augustinerkirche — alle aus der 2. Hälfte des XV. Jhs., sind sehr gute Beispiele der Kunst der Handwerkerzünfte. Die Krakauer Tempeln wurden auch durch Wandmalereien berühmt, die bis heute in den Klöstern der Franziskaner, Dominikaner und Augustiner erhaltengeblieben sind, sowie auch durch die Polychromien, die von den Meistern aus Pskow in der Heiligkreuz-Kapelle des Waweldoms angefertigt wurden.

Gegen Ende des Jahrhunderts kam aus Nürnberg nach Krakau der größte Bildhauer des Mittelalters, der Meister Veit Stoss (Wit Stwosz), um im Auftrag der Bürger in den Jahren 1477—1489 den Hauptaltar für die Marienkirche anzufertigen. Das Werk entzückt uns durch seine außergewöhnliche Ausdruckskraft. Veit Stoss haute auch das Grabmal des Königs Kasimir des Jagellonen im Waweldom, das Steinkruzifix für die Marienkirche und entwarf die Grabplatte des berühmten Humanisten Philip Kallimachos. Zu dieser Zeit wurde auch die Krakauer Barbakane, eines der spärlich vertretenen Werke der Militärarchitektur erbaut.

Gegen Ende des XV. Jhs. entstand in dem östlichen Teil von Kazimierz eine von einer Mauer umgebene Judenstadt von einem einmaligen Kolorit. Es wurden hier einige Synagogen, darunter die Alte Synagoge und die Synagoge Remu'h gebaut, die vom jüdischen Friedhof, genannt „Kirkut", umgeben ist.

In der Renaissance-Zeit, unter den letzten Jagellonen: Sigismundus dem Alten und Sigismundus Augustus stand die Stadt in voller Blüte. Im Königsauftrag wurde das gotische Schloß auf dem Wawelhügel im Renaissancestil umgebaut. Das mächtige Gebäude mit dem schönen Arkadenhof in der Mitte, war das Werk der italienischen Architekten Francesco aus Florenz und Bartholomeo Berrecci. Berrecci wurde von Sigismundus dem Alten beaufgetragt, das Mausoleum (später Sigismunduskapelle genannt) zu bauen, das zu einem der schönsten Kunstwerke der Renaissance wurde und als „Perle der Renaissance nördlich der Alpen" gilt. Die Kapelle wurde dann zur Ruhestätte der letzten Jagellonen. Die Innenausstattung, die von den italienischen Künstlern Jan Cini und Jan Maria Padovano stammt, beeindruckt durch ihre reiche Ornamentik, die den Hintergrund für die Königsstatuen bildet. Das Grabmal von Sigismundus Augustus und von Königin Anna der Jagellonin wurden von Santi Gucci gehauen. Dem König folgten bald die weltlichen und kirchlichen Würdenträger: die Bischöfe Piotr Tomicki und Piotr Gamrat stifteten sich in dem Waweldom auch Grabkapellen, deren Gestaltung an die der Sigismunduskapelle anknüpft. Beachtenswert sind auch die Kapellen der Bischöfe Andrzej Zebrzydowski und Filip Padniewski. Beide wurden von dem Architekten und Bildhauer zugleich, Jan Michałowicz aus Urzędowo, ausgeführt, der sich den Namen des „polnischen Praxiteles" erworben hat.

Zwecks Beschmückung des Königsschlosses bestellte der König Sigismundus Augustus eine ungewöhnliche Kollektion der Bildteppiche, die in den besten Webereien von Brüssel gewoben wurden. Bis heute sind sie die echte Perle der Sammlungen des Königsschlosses und zeugen von der großen ästhetischen Empfindsamkeit des polnischen Königs. Als Kulturmäzen konnte er den zeitgenössischen europäischen Herrschern nicht nur gleichgestellt werden, sondern auch mit ihnen wetteifern.

Der Tod von Sigismundus Augustus setzte der Jagellonen-Dynastie ein Ende. Für Polen eröffnete sich die Periode der Wahlkönige. Obwohl Krakau weiterhin die Hauptstadt geblieben war, rückte der Schwerpunkt des politischen Lebens nach Warszawa hin, zu dessen Gunsten die formelle Hauptstadt an Bedeutung verlor.

Krakau der Renaissance ist nicht nur der Wawel, sondern auch die verkehrsrege, lebhafte Stadt. Die reichen Patrizierfamilien, wie z. B. Kaufmann, Betman, Boner, stifteten Kunstwerke, die hauptsächlich für die Marienkirche bestimmt waren. Dort befinden sich Werke der Meister von solchem Rang wie Hans Suess aus Kulmbach oder Jan Maria Padovano. In der Nürnberger Werkstatt von Vischer hat sich die Famile Boner bronzene Grabplatten für die Marienkirche bestellt. Nach dem Brand im J. 1555 wurden die alten, aus der Gotikzeit stammenden Tuchhallen von den hervorragenden Meisterarchitekten: Pankracy, Jan Maria Padovano und Santi Gucci wiederaufgebaut. Umgebaut wurden auch die Bürgerhäuser, die somit zu echten Palästen wurden.

Im XVI. Jh. erreichte die polnische Kultur fast das europäische Niveau. Ihr Zentrum war Krakau, die Stadt, die durch ihr reges künstlerisches und intellektuelles Leben berühmt wurde. Im Kreise dieser Kultur wuchsen u. a. solch hervorragende Künstler auf, wie Mikołaj Rej und Jan Kochanowski, die Bahnbrecher der polnischen Literatur.

Das XVII. Jh. eröffnete ein ganz neues Kapitel in der Geschichte der künstlerischen Kultur von Krakow. Von dem Zeitpunkt an, bis zur Hälfte des XVIII. Jhs. herrschte uneingeschränkt das Barock, das vom päpstlichen Rom auf den polnischen Boden verpflanzt wurde. Das künstlerische Vorhaben wurde zuerst vom König Sigismundus III. Wasa (Zygmunt III Waza), hervorragenden Kenner und Kunstmäzen, unterstützt. Unter dem königlichen Mäzenat wirkte der Architekt Giovanni Battista Trevano, der Schöpfer der barocken Umgestaltung des Nordflügels des Königsschlosses auf dem Wawel, der Jesuiten- und der St. Peter-Pauls-Kirche und des Sarkophags des Hl. Stanislaus, der im Waweldom die zentrale Stellung einnimmt.

In dem dritten Zehntel des XVII. Jhs. wurde der Bau der Kamaldulenserkirche in Bielany abgeschlossen, eines Werks von Andrea Spezzo, der dieses außergewöhnliche, über die Landschaft der Vorstadt hervorragende Bauwerk im Geist des Spätmanierismus entworfen hatte.

1906 verließ der König Sigismundus III. Krakau und zog gegen Moskau. Nach dem entscheidenden Sieg bei Smolensk war der König nicht mehr nach Krakau zurückgekehrt, sondern setzte sich in Warschau nieder, das somit die Würde der königlichen Residenz erlangte. Obwohl Krakau die formelle Hauptstadt geblieben war, spielte es jedoch nur noch die spezifische Rolle des

Nationalsanktuariums, das lediglich während der Krönungs- und Bestattungsfeierlichkeiten lebhafter wurde. In der 2. Hälfte des XVII. Jhs. wurde die Stadt zweimal von den Schweden vernichtet, sie stieg jedoch wie Phönix aus der Asche wieder auf. Noch gegen Ende des XVII. Jhs. wurde, auf Anregung der Universitätsprofessoren, die St. Anna-Kirche gebaut, die das schönste Beispiel des polnischen Barock und das Werk des hervorragenden niederländischen Künstlers Tylman von Gameren und des italienischen Bildhauers Balthasar Fontana ist. Dem letzteren verdanken wir die Stuckdekorationen des Inneren der Kirche. Fontana schuf auch die Innenausstattung der romanischen St. Andreas-Kirche, er hinterließ auch Stuckdekorationen der Patrizierhäuser. Sein künstlerisches Vorbild waren die Werke von Gian Lorenzo Bernini, dem Meister des römischen Barock. Mit der Innenausstattung der St. Anna-Kirche beginnt die Phase des malerischen, dynamischen Barockstils, was sich der künstlerischen Anerkennung im achtzehnten Jahrhundert erfreute.

In der ersten Hälfte des XVIII. Jhs. entstanden in Krakau hervorragende Kunstwerke, die vornehmlich von zwei Architekten stammen: Kasper Bażanka, dem Schöpfer der Missionarenkirche in Stradom, und Francesco Placidi, dem Baumeister der Trinitarierkirche in Kazimierz und der Fassade der Piaristenkirche. Nicht zu übersehen ist auch der Umbau des architektonischen Komplexes von sog. Skałka, der sich in der Obhut des Paulinerordens befindet und mit dem Kultus des Hl. Stanislaus, dem Patrons Polens, verbunden ist. Der monumentale Barocktempel ist das Werk von Antonio Gerhard Münzer und Antonio Solari.

Die Kultur der Barockzeit prägte sich stark in Krakau aus. Die gotischen Kirchen wurden im neuen Still umgebaut, mit barocken Altären, Schnitzereien und Gemälden ausgestattet. (Fronleichnams-Kirche in Kazimierz, Karmeliterkirche in Piasek, Bernhardinerkirche in Stradom). Umgebaut wurden auch die Bürgerhäuser. Neben der Gotik ist das Barock in seiner römischen Variante mit der Kunst von Krakau aufs Engste verschmolzen.

Gegen Ende des XVIII. Jhs. machte Krakau sehr wesentliche politische und kulturelle Umwälzungen mit, die im Geist der Aufklärung vor sich gingen. Das Schulwesen, darunter auch die Krakauer Akademie, wurde reformiert. Einer gründlichen Umwälzung unterlag auch das Medizinstudium, die Universitätsklinik wurde eröffnet, es entstanden der Botanische Garten und die Sternwarte. Die Stadt war Zeuge der großen historischen Ereignisse: 1774, mit Tadeusz Kościuszko an der Spitze, stürzte sich die Nation in den Kampf gegen die Teilung des Staates und für die Aufrechterhaltung der Souveränität. Der Aufstand war jedoch vergeblich. Die drei Teilungsmächte: Rußland, Österreich und Preußen führten die endgültige Teilung des polnischen Staates durch. Krakau fiel an Österreich und blieb unter Habsburgerherrschaft bis zum Jahre 1918, ausgenommen die Zeit 1809–1846.

Die Stadt erlangte bald den Rang der geistigen Hauptstadt von Polen, da die Kultur während der über hundertjährigen Unterjochung der Faktor war, der die drei Teilungsgebiete vereinte. Die gemeinsame Sprache, Konfession, Wissenschaft und Kunst bedeuteten: Heimat. Krakau erreichte damals eine außerordentliche künstlerische und intellektuelle Blüte und wurde, vor allem in der Zeit des Freistaates Krakau, zum Ziel zahlreicher Pilgerfahrten der Polen, die hierher kamen, als wäre es nationales Heiligtum. Die Atmosphäre dieses Pantheons der Kunstdenkmäler half den Polen die schwierige Zeit zu überwinden und auf die Wiedergeburt der Heimat zu hoffen.

Der Wawel übte weiterhin die Rolle einer Nekropole aus, obwohl nicht mehr der königlichen, aber: es wurden hier Nationalhelden und -Dichter begraben. 1817 wurde in den Katakomben des Doms der Prinz Józef Poniatowski und ein Jahr später Tadeusz Kościuszko bestattet, dem in der Nähe von Krakau ein Ehrenhügel aufgeschüttet wurde. Der Form nach knüpft er an die prähistorischen Grabhügel von Krakus und Wanda an. Auf dem Wawel wurden auch die polnischen Dichter Adam Mickiewicz im J. 1890 und Juliusz Słowacki im J. 1927 bestattet.

In der 2. Hälfte des XIX. Jhs. in der Zeit der sog. Autonomie Galiziens gewann Krakau als Zentrum der polnischen Wissenschaft und Kultur an Bedeutung. Es erwarb sich sogar den Namen „das polnische Athen". In der Wissenschaft nahmen die Universität und die 1872 entstandene Akademie der

Wissenschaften den ersten Platz ein. Dies wurde von der großen „Talenten-explosion" begleitet.

Die mit der Universität verbundenen gebildeten Krakauer verliehen der Stadtatmosphäre eine besondere Prägung. Die Professoren der Alma Mater gaben die Anregung zu solchen patriotischen Veranstaltungen, wie der Jahrestag der Türkenschlacht bei Wien, oder des Sieges bei Grunwald, die in ganz Polen und sogar in Europa einen Widerhall fanden und: „den Vätern zur Ehre, den Brüdern zur Ermutigung" dienen sollten, wie es die Aufschrift auf dem Sockel des Grunwalddenkmals besagt. Das Denkmal wurde von dem berühmten Pianisten und Komponisten Ignacy Paderewski zum 500. Jahres-tag des Sieges vom König Jagello über den Kreuzritterorden gestiftet.

Im J. 1880 entstand die nächste Nekropole: in der Krypta der Pauliner-kirche in Skałka befanden sich die Särge derjenigen, die sich um die polnische Kultur verdient machten. Bestattet wurden dort u. a. Teofil Lenartowicz, Józef Ignacy Kraszewski, Henryk Siemiradzki, Adam Asnyk, Stanisław Wyspiański, Jacek Malczewski, Karol Szymanowski. In der Atmosphäre des Kultus für die Kunstdenkmäler der Heimat entwickelte sich die polnische Geschichtslehre, Archäologie, Kunstgeschichte, es entstanden zahlreiche Museal-sammlungen. 1876 wurden die wertvollen Kunstsammlungen und National-denkmäler, die im Besitz der Adelsfamilie Czartoryski waren, an Krakau verschenkt. (U. a. waren es die Gemälde von Leonardo da Vinci „Die Dame mit dem Hermelin", „Landschaft mit barmherzigem Samaritaner" von Re-mbrandt van Rijn). 1879 wurde das Nationalmuseum gegründet, wo hauptsächlich die polnische Kunst vom Mittelalter bis zur Neuzeit ausgestellt wird. Krakau wurde zu einem wichtigen Zentrum, sowohl für das Musealwe-sen als auch das Sammeln. Außerdem herrschte hier ein wahres, reges Kunstleben, erwähnt seien bloß das sich glänzend entwickelnde Theater oder das patriotische Schaffen von Jan Matejko, dem unübertroffenen Ges-chichtsmaler, der durch sein Schaffen das Nationalbewußtsein vieler Polengenerationen gestaltete.

In dieser Zeit kam es auch zu einer regen urbanistischen und architek-tonischen Entwicklung von Krakau, wobei sich die damals schaffenden Architekten auf die zeitgenössische westeuropäische Kunst stützten und imponierende Bauwerke entstehen ließen, deren Vollkommenheit in Form und der Bautechnik bis heute verwundert. In dieser Zeit entstand auch die moderne Methode der Konservierung des Altbaus, deren Musterbeispiel die Tuchhallen sein können, die in der 2. Hälfte des XIX. Jhs. von Tomasz Pryliński, unter Mitarbeit von Jan Matejko restauriert wurden.

Um die Wende des XIX. und XX. Jhs. war die mit den neuesten westeuropäischen Strömungen verbundene Kunstboheme der en-tscheidende Faktor im Krakauer Kulturleben. Es ist die Zeit des sog. Jungen Polen. Es wirkten damals: Stanisław Wyspiański, Jozef Mehoffer, Leon Wyczółkowski, Julian Fałat, Jan Stanisławski, um nur die Koryphäen der Kunst zu nennen. Die Künstler trafen sich im Kaffeehaus „Jama Michalika", wo das berühmte literarische Kabarett „Zielony Balonik" entstand.

Kurz vor dem Ausbruch des I. Weltkrieges wurde Krakau zum polnischen Piemont. Hier nahmen die Unabhängigkeitsströmungen ihren Anfang, von hier aus gingen die Legionen mit Józef Piłsudski an der Spitze zum Kampf um die Befreiung der Heimat. Krakau erhielt den Rang des Symbols des Polentums. Sehr gut wurde es von Stanisław Wyspiański begriffen, der folgende Worte schrieb: „Hier fühlt man Polen in jedem Stein, in jedem Teil, und der Mensch, der es betritt, wird ein Teil Polens. ...Ihr werdet von ewig unsterblichen Polen umgeben." Nachdem Polen 1918 die Unabhängigkeit wieder erlangte, blieb Krakau, obwohl es jetzt an der Peripherie des wiederentstandenen Staates liegt, ein wichtiges Zentrum der Kultur und Wissenschaft. Die erstrangige Stellung in der Wissenschaft verdankt Krakau der Universität und der prächtig wirkenden Polnischen Akademie der Wissenschaften. Nach dem I. Weltkriege wurden die Arbeiten an der Wawelrestaurierung abgeschlossen, das Königsschloß wurde neu eingerich-tet, wodurch ihm — obwohl nur teilweise — der ehemalige Charakter der königlichen Residenz wiederverliehen wurde. Die Wandteppiche von Sigis-mundus Augustus und die rekonstruierte königliche Schatzkammer bilden die Perle der Wawelsammlungen.

Der Hitlerangriff auf Polen und der damit verbundene Ausbruch des II. Weltkrieges setzten der Ruhe und vornehmen Größe der königlichen Stadt ein Ende. Der faschistische Okkupant begann die brutale Extermination, die gegen die polnische Bevölkerung mit Hochschulzensus gerichtet war. Die Universität wurde geschlossen. Die Professoren der Universität und der Krakauer Hochschulen wurden verhaftet und dem Greuel der Konzentrationslager preisgegeben. Mit Absicht wurden die Kunstdenkmäler vernichtet. Der Wawel wurde zur Residenz des Generalgouverneurs Hans Frank. In der Nähe von Krakau, in Oświęcim und Brzezinka entstand das KZ Auschwitz-Birkenau. Erst im Januar 1945, als Krakau durch die Rote Armee befreit wurde, nahmen diese Repressalien ein Ende.

Die Freiheit kehrte zurück, es begann die Periode der Entstehung einer neuen, gerechten Gesellschaftsordnung, ein neues Blatt in der Geschichte der Stadt wendete sich. In den 50-er Jahren wurde in der Nähe der Altstadt ein Eisenhüttenwerk „Lenin-Hütte" samt der modernen Wohnsiedlung Nowa Huta gebaut. Bald entstanden andere moderne Wohnviertel um die Altstadt. Krakau wurde wieder zur Kulturhauptstadt mit vielen Kunstveranstaltungen und einem wissenschaftlichen Zentrum. Hier, an Wawel schafft der hervorragendste polnische Komponist Krzysztof Penderecki, hier hat auch das Avantgarde-Theater Cricot 2 unter der langjährigen Leitung von Tadeusz Kantor, einem Künstler vom internationalen Ruf, seinen Sitz. Ein wahres Kulturphänomen des zeitgenössischen Krakau ist das 1956 entstandene Kabarett „Piwnica pod Baranami" unter der Leitung von Piotr Skrzynecki. Krakau ist eine Stadt mit vielen Museen und Theatern, mit dem berühmten „Teatr Stary", eine Stadt mit vielen Hochschulen von unterschiedlichem Unterrichtsprofil.

Kurz nach dem Krieg wurde die Jagellonen — Universität reorganisiert, in dem neue Hochschulen separiert wurden: die Medizinische Akademie und die Akademie für Landwirtschaft. In den Mauern der uralten Universität studierte Karol Wojtyła, der jetzige Papst Johannes Paulus II., ehemals Schauspieler an einer Untergrundbühne in der Kriegszeit, Dramaturg und Dichter, später Priester, schließlich der Bischof von Krakau, von wo er zum Heiligen Stuhl berufen wurde.

Scharen von Touristen aus aller Welt kommen in das zeitgenössische Krakau. Sie wollen die Stadt des Papstes und Nikolaus Kopernikus, die uralte Stadt der Piasten und Jagellonen, die Ruhestätte der Könige und Nationalhelden, die ehemalige Hauptstadt Polens mit ihren 55 Denkmälern der monumentalen Architektur, mit über 300 Stilhäusern und über zwei Millionen Kunstwerken höchsten Ranges kennenlernen. Dieser außergewöhnliche Kunstreichtum war die Ursache für die Auszeichnung Krakaus durch die UNESCO, indem die Stadt in das Verzeichnis des Weltkulturerbes eingetragen wurde, was ihren Rang in der Weltkultur verdeutlicht.

Leider hat Krakau auch große Schwierigkeiten mit der Sanierung und Konservierung der mit Zusammensturz drohenden Gebäude. Das Problem fand volles Verständnis bei den höchsten Staatsbehörden, die die Wawelstadt unter ihren Schutz nahmen. Die Sanierung von Krakau wird als patriotische Pflicht der ganzen Nation aufgefaßt und man hat auch an die in der ganzen Welt zerstreuten Auslandspolen appeliert. 1978 wurde das Gesellschaftskommitee für Sanierung der Kunstdenkmäler von Krakau gegründet und es entstand ein für Jahrzehnte berechnetes Programm der Renovierungsarbeiten. „Niemand von uns sollte an dem entstehenden Bündnis der polnischen Hände und Herzen fehlen. Die Bemühung um die Aufrechterhaltung der unschätzbaren Urkunden der Nationaltradition ist der Ausdruck der Ehre für unsere Abstammung, der unentbehrliche Bestandteil des wahren Patriotismus." Die Apellworte des Kommitees sind nicht ohne Wiederhall geblieben. Viele Institutionen und Privatpersonen im Inland und Ausland engagierten sich in den Kampf um die Rettung der während der Jahrhunderte in Krakau angesammelten unschätzbaren Kulturdenkmäler. Vom Ergebnis dieses Kampfes hängt die Zukunft unserer Stadt ab.

КРАКОВ
ДОСТОЯНИЕ МИРОВОЙ КУЛЬТУРЫ

Согласно историческому постановлению ЮНЕСКО, принятому в сентябре 1978 года, Краков как один из самых знаменитых градостроительных комплексов был занесен в список достояния мировой культуры и естественной среды. Заключение экспертов гласит: ,,Исторический и архитектурный центр Кракова, формировавшийся в течение почти тысячи лет, представляет собой один из самых выдающихся художественных и культурных комплексов Европы. Среди архитектурных памятников на первое место выдвигается Вавельский замок, резиденция династий, правивших Польшей с самого начала существования государства. В 16 в. он являлся одним из важнейших центров словесной культуры. Замок представляет собой блестящий образец флорентийского ренессанса вне пределов Италии. В нем хранятся ценнейшие памятники искусства разных эпох. На Вавельском холме, являющемся самым характерным, бросающимся в глаза элементом пейзажа исторического Кракова, возвышается также кафедральный собор, в котором захоронены короли Польши. Собор был воздвигнут в 1320—1364 гг. на месте древних романских костелов, постройка которых началась 300 годами раньше. В 13 в. на основании детального плана центральной части города была проложена система главных улиц, ответвляющихся от расположенного в центре Рынка, который и в наши дни является самой крупной городской площадью Европы. Элементы оригинальной средневековой застройки Рынка, а также защищавшей город крепостной стены бережно реставрируются.

К югу от средневокового Кракова, на пути, который когда-то вел в Величку, расположен старинный город Казимеж, основанный в 1335 г. королем Казимиром Великим. Первоначальная система улиц и строительных участков сохранилась по сей день. Расположенное на территории г. Казимежа гетто, являвшееся в 15 и 16 вв. центром еврейской культуры, сохранило свой характер вплоть до второй мировой войны, когда оно было частично разрушено гитлеровцами. Нынче Казимеж составляет интегральную часть Кракова.

Между средневековым Краковом и Казимежем был расположен Страдом. Так назывались пригородные посады, возникшие вдоль дорог, соединявших оба города и проходивших мимо Вавельского холма. На Страдоме находятся два монастыря: бернардинцев и миссионеров, основанные в 15 и 17 вв.

Краков хранит для будущих поколений эту единственную в своем роде коллекцию памятников культуры прошлых веков — выдающиеся творения архитектуры и искусства.''

Возникает вопрос, какое место занимает Краков в польской культуре, на протяжении свыше тысячи лет тесно связанной с европейской, какие неповторимые ценности этот город внес в сокровищницу мирового культурного наследия.

Расположенный на Висле, самой крупной реке Польши, Краков свыше трехсот лет назад заслужил название *totius Poloniae urbs celeberrima* (великолепнейший из польских городов). То же самое можно сказать о нем и сегодня, ибо в Кракове сосредоточены архитектурные и исторические памятники, в которых нашел яркое выражение польский национальный характер. В начале нашего столетия знаменитый писатель и литературный критик Вильгельм Фельдман писал: „Тот, кто хочет познать душу Польши, должен искать ее в Кракове". Это верно, ибо здесь, в этом городе, среди его старинных романских, готических, ренессансных и барочных построек, в звоне краковских колоколов и в звуках пленительной мелодии „хейнала", исполняемого ежечасно горнистом на башне Мариацкого костела, сильнее всего ощущается польский дух.

История Кракова уходит корнями в раннее средневековье. Два доисторических кургана легендарных правителей, Крака и его дщери Ванды, являются доказательством древнего происхождения города. Первые упоминания о Кракове относятся к середине 10 в., т. е. к периоду, когда крещение Польши (966 г.) приобщило ее к семье христианских госдарств Европы. Благодаря своему положению на пересечении важных торговых путей Краков привлек внимание купца из Кордовы, Ибрагима ибн-Якуба, и был им описан в 965 г. К концу 10 в. город вошел в состав Польского государства, образованного и управляемого монархами из династии Пястов. Молчаливым свидетелем этой бурной эпохи является открытая свыше 50 лет назад каменная ротонда Девы Марии, известная впоследствии под названием костела святых Феликса и Адаукта; она, быть может, помнит время крещения Мешко I. В 1000 году Краков стал центром епархии, на Вавельском холме возникли первыхе романские постройки. Начиная с середины 11 в. Вавельский замок становится главной резиденцией правителей Польши; в это же время, в период правления Казимира Обновителя Краков стал столицей Польского государства и с тех пор выполнял эту функцию вплоть до конца 18 в., до упадка государственности Польши. Здесь, в Вавеле хранились коронационные регалии, здесь также в 11 столетии возникла широко известная кафедральная школа, готовившая кадры для церкви и государства. В резиденциях князя и епископа на Вавельском холме царила интеллектуальная атмосфера, способствовавшая возникновению выдающихся произведений науки и искусства. Краков был тогда богатым, многолюдным городом. Возвышался над ним Вавельский холм с каменным романским кафедральным собором, укрепленным замком и несколькими костелами. К северу от холма образовалось ядро нынешнего центра Кракова. К числу построенных здесь храмов принадлежал укрепленный романский костел св. Анджея; дальше, на месте, где впоследствии возник Рынок, был построен маленький романский костел св. Войцеха, восходящий к 10 веку.

Этот древнейший Краков в 1241 г. разорили татары. 16 лет спустя по инициативе правившего тогда князя Болеслава Стыдливого Кракову были пожалованы городские права. И сегодня удивляет логика, зрелость и размах замысла тогдашних градостроителей: огромный Рынок (городская площадь) и геометрическая сеть окружающих его улиц. Локационный город вобрал в себя сохранившуюся романскую застройку. Краковский Рынок считается одной из самых знаменитых площадей данного типа в Европе; он не уступает по масштабам ни площади св. Марка в Венеции, ни площади св. Петра в Ватикане. После локации начался бурный рост Кракова, а возникшие тогда шедевры средневекового искусства стали гордостью города. В первой половине 13 столетия были воздвигнуты два монументальных кирпичных костела: доминиканцев и франсисканцев, а к востоку от Кракова, в Могиле, возникло аббатство цистерцианцев. В последнюю треть 13 в. началось строительство окружавшей город крепостной стены, продолжавшееся впоследствии вплоть до конца средневековья. К сожалению, оборонительные сооружения были снесены в начале 19 в., а на их месте возникло кольцо зеленых насаждений, называемое Плантами. Сохранившийся участок крепостной стены, примыкающий к Флорианским воротам и Барбакану, пленяет нас своей красотой.

С 14 в. Краков являлся местом коронацин королей и некрополем монархов (королей и членов их семейств хоронили в Вавельском кафедральном соборе). Первым монархом, коронованным в Вавеле, стал король Владислав Локетек, он же был первым правителем Польши, похороненным в подземельях кафедрального собора. В это время

— в середине 14 столетия — романский кафедральный собор был перестроен и превращен в великолепный готический храм, который сохранился до наших дней и представляет собой самый выдающийся архитектурный и историко-художественный памятник Польши; имена его творцов и основателей навсегда вошли в историю национальной культуры.

Правление наследника Локетека, короля Казимира Великого, покровителя науки и искусства, ознаменовалось быстрым ростом города, который постепенно приобретал готический облик. Многочисленные художники и объединенные в цехи ремесленники украшали его своими произведениями, выполняемыми по заказу королевского двора и богатых горожан, населявших столицу и два примыкавших к ней города, основанных Казимиром Великим: Казимеж и Клепаж. Именно тогда были построены, кроме Вавельского кафедрального собора, монументальные готические костелы: Девы Марии (Мариацкий) на Рынке, а также св. Катаины и Божьего Тела на территории Казимежа.

Казимиру Великому принадлежит также заслуга основания в Кракове университета, второго (после пражского) в Центральной Европе, который с разрешения папы римского был открыт в 1364 г. Польское государство испытывало тогда сильный недостаток кадров, особенно юристов и врачей; удовлетворить эти нужды могло только высшее учебное заведение. Вместе со смертью Казимира Великого, последовавшей в 1370 г., прекратилась династия Пястов. Польшей стали править венгерские короли из династии Анжу: Людовик Венгерский, а затем его дочь Ядвига. В 1385 г. была заключена польско-литовская уния. Руку молоденькой королевы Ядвиги, а вместе с ней польский престол получил годом позже великий князь Литвы Владислав Ягайло, царствование которого продолжалось до 1434 г. Краков стал столицей обширной державы Ягеллонов, охватывавшей, кроме польских земель, также территории Литвы и Руси. Благодаря щедрым пожертвованиям королевы Ядвиги и стараниям Ягайла в 1400 г. возродился пришедший было в упадок университет; с тех пор он непреывно действует вплоть до наших дней. Краковский университет уже с самого начала своего существования стал выдающимся научным центром и блестящей школой политической мысли. Достаточно вспомнить Павла Влодковица, который прославился зрудицией на вселенском соборе в Констанции, или самого знаменитого питомца *Almae Matris* — Миколая Коперника, который учился в Кракове в конце 15 в. К этому времени относится построенное профессорами университета живописное здание, именуемое Коллегиум Майус, в котором ныне помещается Музей Ягеллонского университета.

Столица Речи Посполитой славилась в 15 столетии монументальными храмами с богато украшенными интерьерами; великолепные алтари, произведения живописи и бесценные литургические сосуды свидетельствуют о высоком мастерстве краковских скульпторов, живописцев и золотильщиков. Такие произведения искусства, как триптих св. Троицы в Вавельском кофедральном соборе, полиптихи в костелах доминиканцев и августианцев, созданные во второй половине 15 в., представляют собой блестящие образцы цеховой живописи. Краковские храмы славились также стенной живописью (она сохранилась в монастырях францисканцев, доминиканцев и августианцев), а также росписью Свентокшиской капеллы в Вавельском кафедральном соборе, выполненной псковскими мастерами.

К концу 15 столетия в Краков прибыл из Нюрнберга самый знаменитый скульптор средневековья Вит Ствош с целью создать по заказу краковских горожан главный алтарь для Мариацкого костела. Это монументальное творение, возникшее в годы 1477—1489, поражает силой экспрессии. Вит Ствош создал также саркофаг короля Казимира Ягеллончика в Вавельском кафедральном соборе, каменное распятие для Мариацкого костела и проект надгробной плиты известного гуманиста Филиппа Каллимаха. В этот период был построен краковский Барбакан, одно из редких оборонительный сооружений данного типа.

В конце 15 в. в восточной части Казимежа возник окруженный отдельной крепостной стеной еврейский район, обладавший неповторымым колоритом. Здесь было построено несколько синагог, среди которых выделяются Старая синагога и синагога Рему с примыкающим еврейским кладбищем, т. наз. киркутом.

В эпоху возрождения, во время правления последних королей из династии Ягеллонов, Сигизмунда Старого и Сигизмунда Августа, Краков переживал эпоху расцвета. Готические строения Вавельского замка перестраивались в стиле ренессанса. Великолепный дворец с прекрасным двором, окруженным аркадами, был воздвигнут итальянскими архитекторами Франческо Фиорентино и Бартоломео Береччи. Король Сигизмунд Старый доверил Береччи также постройку капеллы-усыпальницы, названной впоследствии Сигизмундовой, которая является самым выдающимся архитектурным памятником эпохи возрождения в Польше и считается „ценнейшей жемчужиной ренессанса к северу от Альп''. Капелла стала местом вечного покоя последних Ягеллонов. Оформление ее интерьера, дело рук итальянских художников Джованни Чини и Джованни Мария Падовано, ошеломляет богатством орнаментов, составляющих фон для надгробных памятников королей. Надгробия Сигизмунда Августа и Анны Ягеллонки выполнены скульптором Санти Гуччи. Примеру монархов вскоре последовали светские и духовные сановники; по заказу епископов Петра Томицкого и Петра Гамрата к кафедральному собору были пристроены капеллы-усыпальницы, напоминающие по форме Сигизмундову; заслуживают внимания также капеллы епископов Анджея Зебжидовского и Филипа Падневского (обе построены архитектором и скульптором Яном Михаловичем из Ужендува, называемым „польским Праксителем'').

Для украшения Вавельского дворца король Сигизмунд Август заказал великолепную коллекцию аррасов (шпалер), которые были сотканы в лучших брюссельских мастерских. Они составляют сегодня ценнейшую часть музейных собраний королевского дворца.

Вместе со смертью Сигизмунда Августа прекратилась династия Ягеллонов. Начался период выборной монархии. Столицей государства по-прежнему оставался Краков, но центр тяжести политической жизни переместился в Варшаву.

Ренессансный Краков — это не только Вавель, но и город, шумный, полный жизни. Семейства краковских патрициев: Кауфманов, Бетманов, Бонеров, заказывали произведения искусства, предназначавшиеся главным образом для Мариацкого костела. Его интерьер украшен произведениями таких мастеров, как Ганс Зюсс из Кульмбаха или Джованни Мария Падовано. Семейство Бонеров заказало нюрнбергской мастерской Фишеров бронзовые надгробные плиты для Мариацкого костела. После пожара 1555 г. готическое здание суконных рядов (Сукенницы) было перестроено в духе ренессанса архитекторами Панкратием, Джованни Мария Падовано и Санти Гуччи. Дома богатых горожан подвергались перестройке, превращаясь в настоящие дворцы.

В 16 столетии польская культура достигла европейского уровня. Ее центром являлся Краков, город, в котором художественная и интеллектуальная жизнь была ключом. В этом культурном круге выросли такие выдающиеся поэты, как Миколай Рей и Ян Кохановский, основоположники польской литературы.

17 век открыл совершенно новую главу истории художественной культуры Кракова. С того времени вплоть до середины 18 столетия ведущим архитектурным стилем стало барокко, перенесенное на польскую почву из папского Рима. Новому течению покровительствовал король Сигизмунд III Ваза, тонкий знаток и меценат искусства. Под покровительством короля развивал свою деятельность архитектор Джованни Баттиста Тревано. По его проектам было перестроено северное крыло королевского дворца, построены иезуитский костел святых Петра и Павла и конфессия (гробница) св. Станислава, занимающая центральное место в Вавельском кафедральном соборе.

В 20-е годы 17 в. окончилось строительство костела камедулианцев в Белянах. Архитектор Андреа Спецца спроектировал этот уникальный храм, украшающий пейзаж западной окраины Кракова, в духе позднего манеризма.

В 1609 г. король Сигизмунд III покинул Краков, отправляясь на войну с Москвой. После победы в битве под Смоленском монарх не вернулся в Краков и учредил свою резиденцию в Варшаве. Краков, формально оставаясь столицей государства, фактически стал играть роль национальной святыни, где происходили торжественные коронационные обряды и похороны королей. Во второй половине 17 столетия город дважды разоряли шведы, однако после каждого нашествия он возрождался, как феникс из пепла. В конце 17 в. по инициативе профессоров университета был воздвигнут костел св. Анны, самый выдающийся архитектурный памятник польского барокко, творение знаменитого голландского архитектора Тильмана из Гамерена и итальянского скульптора Бальтазаре Фонтаны, украсившего интерьер храма художественной лепкой. Фонтана оформил также интерьер романского костела св. Анджея и украсил лепкой дома ряда краковских горожан. Его творческая манера восходит к произведениям Джан-Лоренцо Бернини, крупнейшего мастера римского барокко. Оформление костела св. Анны открыло период пышного, динамического барокко.

В первой половине 18 в. в Кракове возникли выдающиеся произведения архитектуры, связанные с именем Каспера Бажанки, построившего костел миссионеров на Страдоме, и Франческо Плачиди, строителя костела тринитарианцев, расположенного на территории Казимежа, и фасада костела пийаров. Следует также упомянуть о перестройке ансамбля монастыря паулинцев „на Скалке", связанного с культом покровителя Польши, св. Станислава. Монументальный барочный храм построен и оформлен Герардом Мюнтцером и Антонио Соляри.

Культура барокко наложила сильный отпечаток на краковскую архитектуру. Готические костелы перестраивались и переоформлялись в духе нового стиля, украшались барочными алтарями, скульптурами и живописью (костел Божьего Тела на территории Казимежа, кармелитанцев „на Пяске", бернардинцев на Страдоме). Перестраивались и дома краковских горожан.

В конце 18 в. в Кракове произошли существенные политические и культурные сдвиги, связанные с идеями эпохи просвещения. Была проведена в жизнь реформа школьной системы, охватившая также университет. Основной перестройке подверглась система обучения студентов-медиков, были созданы университетская клиника, ботанический сад, астрономическая обсерватория. В 1794 г. народ под руководством Тадеуша Костюшко встал на защиту страны и ее независимости. К сожалению, восстание потерпело поражение. В 1795 г. Россия, Австрия и Пруссия окончательно разделили между собой территорию Польши. Краков оказался в пределах Австрии. Под властью Габсбургов город оставался, за исключением периода с 1809 по 1946 г., вплоть до 1918 г.

Вскоре Краков стал духовной столицей Польши, ибо в период неволи, продолжавшийся более ста лет, фактором, объединяющим все три части страны, оказавшиеся в пределах трех держав, была культура. Слово Родина значило тогда — общий язык, общая вера, польская наука и искусство. Краков переживал тогда расцвет интеллектуальной и художественной жизни, став, особенно в период Краковской республики, целью паломничества тысяч поляков, считавших его национальной святыней. Атмосфера этого пантеона исторического прошлого помогала полякам пережить трудный период и внушала веру в возрождение Родины. Эту специфическую роль Кракова метко определил поэт Винценты Поль, писавший: „Краков! Краков! Что это единственное слово значит для поляка! Въезжая в Краков, тот, кто не был поляком, становится им". Можно привести ряд подобных высказываний.

Вавель по-прежнему выполнял роль некрополя, но уже не королевского; хоронили в нем национальных героев и поэтов. В 1817 г. в подземельях кафедрального собора почил прах князя Юзефа Понятовского, а годом позже — Тадеуша Костюшко, в память о котором народ насыпал на окраине города курган, напоминающий по форме доисторические могилы Крака и Ванды. В кафедральный собор был перенесен также прах двух гениальных поэтов: в 1890 г. — Адама Мицкевича и в 1927 г. — Юлиуша Словацкого.

Во второй половине 19 в., в период т. наз. автономии Галиции, возросло значение Кракова как центра польской науки и культуры. Город стали называть „польскими Афинами''. В области науки ведущую роль играл университет, а также возникшая в 1872 г. Академия Знаний. Появилось невиданное доселе множество талантливых ученых и художников.

Связанная с университетом краковская интеллигенция определяла облик города. Профессора выступали с инициативой проведения патриотических мероприятий, таких как празднование годовщины победы над турками под Веной, победы над крестоносцами под Грюнвальдом. Мероприятия эти получали широкий резонанс в стране и за рубежом. Они проходили под девизом: „Праотцам – славу, братьям – надежду''. Девиз этот помещен на цоколе Грюнвальдского памятника, воздвигнутого по инициативе и на средства выдающегося пианиста и композитора Игнацы Падеревского к пятисотой годовщине победы над крестоносцами. В 1880 г. был создан новый некрополь: в крипте под костелом паулинцев „на Скалке'' стали хоронить самых выдающихся представителей польской культуры. Там находятся саркофаги Теофиля Ленартовича, Юзефа Игнацы Крашевского, Генрика Семирадзкого, Адама Асныка, Станислава Выспяньского, Яцека Мальчевского, Кароля Шимановского. В атмосфере культа памятников прошлого развивалась польская историческая наука, археология, искусствоведение, возникали музейные собрания. В 1876 г. князья Чарторыские передали Кракову свои замечательные коллекции произведений искусства и памятников национального прошлого (среди них имеются полотна „Дама с горностаем'' Леонардо да Винчи и „Пейзаж с милосердным самаритянином'' Рембрандта). В 1879 г. был основан Национальный музей, в котором хранятся, в основном, произведения польского искусства, начиная со средневековья вплоть до наших дней. Краков стал важным центром музееведения и частного коллекционерства. В городе бурно развивалось искусство, период расцвета переживал театр, огромный резонанс вызывало патриотическое творчество Яна Матейко, чьи исторические полотна формировали национальное сознание многих поколений поляков.

Период, о котором идет речь, ознаменовался также бурным развитием городского строительства и архитектуры. Творившие тогда архитекторы, такие как Зыгмунт Хендель, Славомир Одживольский, Томаш Прылиньский, Тадеуш Стрыеньский, Ян Завейский, переносили на польскую почву тогдашние западноевропейские архитектурные течения, создавая монументальные здания, поражающие совершенством формы и техническими решениями. В это же время зарождается современная методология реставрации архитектурных памятников, примером которой могут послужить Сукенницы, реставрированные во второй половине 19 в. Томашем Прылиньским при соучастии Яна Матейко.

На рубеже 19 и 20 вв. тон культурной жизни Кракова задавала богема, связанная с новейшими веяниями, идущими с Запада. Это был т. наз. период Молодой Польши. Творили тогда такие выдающиеся художники, как Станислав Выспяньский, Юзеф Мехоффер, Леон Вычулковский, Юлиан Фалат, Ян Станиславский. Они собирались в кафе, известном под названием „Михаликова яма'', при котором возникло прославленное художественное кабаре „Зеленый шарик''.

Накануне первой мировой войны Краков стал польским Пьемонтом. Отсюда расходились волны национально-освободительного движения, отсюда двинулись в бой за освобождение Родины легионы под командованием Юзефа Пилсудского. Краков вновь стал символом Польши. Об этом проникновенно писал Станислав Выспяньский: „Здесь всё Польша, каждый камень и каждый обломок, а тот, кто ступит сюда, становится частицей Польши... окружает вас Польша вечно бессмертная''.

В 1918 г., после возрождения Польского государства Краков, несмотря на свое местоположение на окраине страны, продолжал оставаться крупным научным и культурным центром. Важную роль в области науки играли Ягеллонский университет и развивавшая оживленную деятельность Польская Академия Знаний. После первой мировой войны были завершены работы по реставрации Вавеля, реконструированы интерьеры королевского замка, которые вновь обрели вид резиденции монархов.

Жемчужинами вавельских собраний являлись аррасы Сигизмунда Августа и реконструированная сокровищница.

Нападение фашистской Германии на Польшу, обозначавшее начало второй мировой войны, положило конец мирной жизни королевского города. Гитлеровские оккупанты приступили к истреблению польской интеллигенции. Университет был закрыт, профессора краковских вузов арестованы и обречены на гибель в концлагерях. Планомерно уничтожались памятники. Вавель стал резиденцией генерального губернатора Ганса Франка. Вблизи от Кракова, в Освенциме и Бжезинке, оккупанты создали гигантский концлагерь. Репрессии прекратились только в январе 1945 г., когда Краков был освобожден Красной Армией.

Страна стала свободной, настало время строительства нового, справедливого общественного строя, открылась новая страница истории города. В 50-е годы рядом со старинным Краковом вырос металлургический комбинат имени Ленина и современный жилой район Новая Гута. Вскоре выросли новые жилые кварталы, окружающие со всех сторон старый центр города. Краков снова стал крупным научным и культурным центром. Здесь проходят многочисленные культурные мероприятия, творит самый выдающийся современный польский композитор Кшиштоф Пендерецкий, здесь готовит свои спектакли авангардистский театр „Крико 2'', которым руководит завоевавший всемирную известность художник Тадеуш Кантор. Интересный культурный феномен нынешнего Кракова представляет собой художественное кабаре „Подвал под Баранами'', действующий с 1956 г. под руководством Петра Скшинецкого. Краков славится своими театрами, среди которых самым известным является знаменитый Старый театр, музеями и вузами.

Вскоре после второй мировой войны был реорганизован Ягеллонский университет. Два его факультета превратились в самостоятельные вузы: Медицинскую академию и Сельскохозяйственную академию. В стенах университета учился Кароль Войтыла, в годы оккупации выступавший в конспиративном театре, писавший драмы и стихи, впоследствии ставший священником и краковским архиепископом, а затем избранный папой римским и принявший имя Иоанна Павла II.

В наши дни в Краков прибывают туристы со всех концов мира. Они желают познакомиться с городом, в котором учились нынешний папа римский и Миколай Коперник, городом Пястов и Ягеллонов, городом – усыпальницей королей и национальных героев, древней столицей Польши, с ее 55 памятниками монументальной архитектуры, 300 с лишним старинными домами и особняками и более чем 2 миллионами выдающихся произведений искусства. Благодаря этому исключительному богатству Краков занесен Юнеско в список высших достижений мировой культуры.

К сожалению, Краков испытывает большие трудности, связанные с реставрацией архитектурных памятников, которым угрожает разрушение. Эти проблемы привлекли внимание высших органов государственной власти, которые окружили заботой город под Вавелем. Реставрация Кракова объявлена патриотическим долгом всех поляков, в том числе и постоянно проживающих за рубежом. В 1978 г. возник Общественный комитет реставрации памятников Кракова. Разработан план реставрационных работ, рассчитанный на десятилетия. Призыв комитета гласит: „Никто из нас не может остаться вне союза польских сердец и рук. Восстановление Кракова – дело чести всех поляков. Забота о сохранении бесценных реликвий национальной традиции – доказательство уважения к нашему прошлому, неотъемлемый элемент настоящего патриотизма''. Призыв не остался без ответа. Многие учреждения и частные лица в Польше и за рубежом включились в борьбу за сохранение бесценных сокровищ культуры. От результатов этой борьбы зависит будущее нашего города.

1. Widok na stary Kraków. Wśród zieleni Plant — pozostałości dawnych obwarowań: Barbakan i baszty obronne
1. A view of old Cracow. The Barbican and defensive towers — the remnants of former fortifications — in the greenery of the Planty Park
1. Blick auf Krakau. Inmitten der Grünanlagen Planty — die Reste der früheren Befestigungsbauten: die Barbakane und die Wehrbasteien
1. Вид старого центра Кракова. Среди зелени Плантов — остатки городских укреплений: Барбакан и башни

2

3

2. Pomnik Grunwaldzki
   na placu Jana Matejki
2. The Grunwald Monument
   in Matejko Square
2. Das Grunwald-Denkmal
   am Jan-Matejko-Platz
2. Грюнвальдский памятник
   на пл. Яна Матейко

3, 4. Fragmenty średniowiecznych
   fortyfikacji
3, 4. Fragments of medieval
   fortifications
3, 4. Fragmente der mittelalterlichen Befestigungsanlagen
3, 4. Фрагменты средневековых
   городских укреплений

5. Barbakan;
   w głębi Brama Floriańska
5. The Barbican;
   St. Florian's Gate
   in the background
5. Die Barbakane;
   im Hintergrund das Florianstor
5. Барбакан;
   на заднем плане Флорианские
   ворота

4

5

8

9

6. Galeria malarzy-amatorów w pobliżu Bramy Floriań-skiej
6. The sidewalk gallery of paintings at St. Florian's Gate
6. Die Gemäldeausstellung der nichtprofessionellen Maler am Florianstor
6. Галерея художников-лю-бителей у Флорианских ворот

7. Początek „Drogi królew-skiej": ulica Floriańska i otaczająca ją zabudowa śródmieścia
7. The starting point of the "Royal Way" — Floriańska Street and the down-town buildings
7. Der Anfang des sog. „Kö-nigsweges" — die Floriańs-kastr. mit umliegender Be-bauung der Stadtmitte
7. Начало т. наз. „королев-ского пути" — ул. Фло-рианская и окружающая ее застройка центра города

8. Teatr im. Juliusza Słowackiego
8. The Juliusz Słowacki Theatre
8. Das Juliusz-Słowacki-Theater
8. Театр имени Юлиуша Словацкого

9. Staromiejski zaułek; w głę-bi fragment elewacji koś-cioła św. Krzyża
9. An old-town nook; part of the elevation of the Church of the Holy Cross in the background
9. Die Altstadtgasse; im Hin-tergrund ein Fragment der Fassade der Heiligkreuz-kirche
9. Старая улочка; в глубине фрагмент костела св. Креста

10

10. Przewiązka nad ulicą Pijarską, łącząca zabudowania Muzeum Czartoryskich

10. The lacing at Pijarska Street, linking the buildings of the Czartoryski Museum

10. Übergang über die Pijarskastr., der die Gebäude des Czartoryski-Museums miteinander verbindet

10. Переход над улицей Пиярской, соединяющий здания Музея Чарторыских

11, 12, 13. Zbiory Muzeum Czartoryskich: „Pejzaż z miłosiernym Samarytaninem" Rembrandta, „Dama z łasiczką" Leonarda da Vinci i portrety rodziny króla Zygmunta Starego — dzieło z warsztatu Łukasza Cranacha Młodszego

11, 12, 13. From the collections of the Czartoryski Museum: Rembrandt's "Landscape with a Good Samaritan", Leonardo da Vinci's "Lady with an Ermine", and the portrait of King Sigismund I the Old's family members — a work from the studio of Lucas Cranach the Younger

11, 12, 13. Aus den Sammlungen des Czartoryski-Museums: „Landschaft mit barmherzigem Samaritaner" von Rembrandt van Rijn, „Dame mit dem Hermelin" von Leonardo da Vinci und die Portraits der Familie des Königs Sigismundus des Alten aus der Werkstatt von Lucas Cranach dem Jüngeren

11, 12, 13. Собрания Музея Чарторыских: „Пейзаж с милосердным самаритянином" Рембрандта, „Дама с горностаем" Леонардо да Винчи, семейный портрет короля Сигизмунда Старого (мастерская Лукаса Кранаха Младшего)

11

12

13

14

16   17

14. Pochód Bractwa Kurkowego, nawiązującego tradycją do cechowego towarzystwa strzeleckiego.
14. A procession of the Rifleman's Fraternity which continues the tradition of guild riflery
14. Der traditionsgebundene Umzug der Schützengilde
14. Шествие Куркового братства, продолжающего традиции цехового стрелкового общества

15. Srebrny Kur — symbol władzy króla kurkowego
15. The Silver Cock — a symbol of power held by the President of the Rifleman's Fraternity
15. Der silberne Hahn — das Machtsymbol des Schützenkönigs
15. Серебряный кур (петух) – символ власти куркового короля

16. Maszkaron na attyce Sukiennic; w głębi kościół Mariacki
16. A gargoyle on the attic of the Cloth-Hall; St. Mary's Church in the background
16. Attika mit dem Maskaron auf den Tuchhallen; im Hintergrund die Marienkirche
16. Маскарон в аттике Сукенниц; на заднем плане Мариацкий костел

17. Trębacz na wieży mariackiej, wygrywający swój cogodzinny hejnał
17. A trumpeteer in the tower of St. Mary's Church sounding the hourly bugle tune
17. Der Trompeter auf dem Marienturm, der jede volle Stunde das Trompetensignal bläst
17. Горнист, исполняющий ежечасно „хейнал" на башне Мариацкого костела

18. Rynek Główny z renesansowym gmachem Sukiennic
18. The Main Market Square and the Renaissance Cloth-Hall
18. Hauptmarkt mit dem Renaissancegebäude der Tuchhallen
18. Главный Рынок с ренессансным зданием Сукенниц

18

19. Widok spod arkad Sukiennic na kościół Mariacki
19. A view towards St. Mary's Church from the arcades of the Cloth-Hall
19. Die Marienkirche von den Arkaden der Tuchhallen gesehen
19. Вид из-под аркады Сукенниц на Мариацкий костел

20. Pomnik poety Adama Mickiewicza
20. The monument to the poet Adam Mickiewicz
20. Das Denkmal des Dichters Adam Mickiewicz
20. Памятник поэту Адаму Мицкевичу

21. Wieża dawnego ratusza
21. The tower of the former Town Hall
21. Der Turm des ehemaligen Rathauses
21. Башня, сохранившаяся от старой ратуши

21

22

22. Fragment Sukiennic
22. Part of the Cloth-Hall
22. Fragment der Tuchhallen
22. Фрагмент Сукенниц

23, 24. Wieżyczki szopek krakowskich podczas
dorocznego konkursu i ich pierwowzór: wieże kościoła Mariackiego

23, 24. The towers of the Cracow carollers' cribs
(szopka) at the annual competition and their
original: the towers of St. Mary's Church

23

2

26

23, 24. Die Türme der Krakauer Weihnachtskrippen während des alljährlichen Wettbewerbs
und ihr Vorbild: die Türme der Marienkirche

23, 24. Башенки краковских „шопок", учас-
твующих в устраиваемом ежегодно конкурсе, и послужившие для них образцом
башни Мариацкого костела

25

25, 26. Nagrodzone szopki
25, 26. Prize-winning carollers' cribs
25, 26. Die mit einem Preis ausgezeichneten Weihnachtskrippen
25, 26. „Шопки", победившие в конкурсе

27. Jedna z najstarszych szopek, tzw. szopka Ezenekierów
27. One of the oldest carollers' cribs – the Ezenkier „szopka"
27. Eine der ältesten Weihnachtskrippen, die sog. Ezenkierkrippe
27. Одна из самых ранних „шопок", т. наз. „шопка Эзенкеров"

28

29

30

31

32

38

39

36, 37. Gotycki ołtarz — dzieło Wita
Stwosza w kościele Mariackim
36, 37. The Gothic altar — a work by
Wit Stwosz at St. Mary's Church
36, 37. Der gotische Altar in der Marienkirche — ein Werk von Veit
Stoss
36, 37. Готический алтарь в Мариац-
ком костеле — творение Вита
Ствоша

38. Krucyfiks rzeźbiony przez
Wita Stwosza
38. The crucifix executed by
Wit Stwosz
38. Das Kruzifix von
Veit Stoss
38. Распятие работы
Вита Ствоша

39, 40. Fragmenty bocznych skrzydeł
ołtarza Wita Stwosza
39, 40. Details of side wings of the Wit
Stwosz altar
39, 40. Fragmente der Seitenflügel
des Veit-Stoss-Altars
39, 40. Детали боковых крыльев ал-
таря Вита Ствоша

40

41

41. Balkonik na fasadzie kościoła Mariackiego
41. The balcony of the façade of St. Mary's Church
41. Der Balkon an der Fassade der Marienkirche
41. Балкончик на фасаде Мариацкого костела

42. „Kuny", w które zakuwano w średniowieczu przestępców
42. The "kunas", metal contraptions used to chain petty offenders
42. Halseisen, in die die mittelalterlichen Verbrecher gefesselt wurden
42. „Куны" – ошейники, в которые в средневековье заковывали преступников

42

43

44

43. Kościół św. Barbary
43. St. Barbara's Church
43. Die St. Barbara-Kirche
43. Костел св. Барбары

44. Rzeźba przy studzience
    na placu Mariackim
44. The sculpture at the well
    in St. Mary's Square
44. Die Brunnenstatue
    auf dem Marienplatz
44. Колодец со скульптурой
    на Мариацкой площади

45

46

45. Ulica Sienna, w głębi zabudowa
w obrębie Rynku Głównego
45. Sienna Street; the buildings surrounding the Main Market Square in the
background
45. Sienna-Str. — im Hintergrund die
Bebauung um den Marktplatz
45. Ул. Сенная, в глубине застройка
Главного Рынка

46. Kamieniczki mieszczańskie przy ulicy
Mikołajskiej
46. Burghers' tenements in Mikołajska
Street
46. Bürgerhäuser in der Mikołajska-Str.
46. Дома горожан на ул. Миколайской

47

48

47, 48. Zachodnia i wschodnia pierzeja Małego Rynku
47, 48. The western and eastern frontages of the Little Market Square
47, 48. West- und Oststraßenfront des Kleinmarktes
47, 48. Западная и восходная часть Малого Рынка

49

50

49, 50, 51, 52. Gotyckie Collegium Maius
— obecnie Muzeum Historii Uniwersytetu Jagiellońskiego

49, 50, 51, 52. The Gothic "Collegium
Maius" — today the Museum of the
History of the Jagiellonian University

49, 50, 51, 52. Das gotische Collegium
Maius — heute: Museum für Geschichte der Jagellonen- Universität

49, 50, 51, 52. Готическое здание Коллегиум Майус, ныне Музей истории
Ягеллонского университета

51

52

53

54

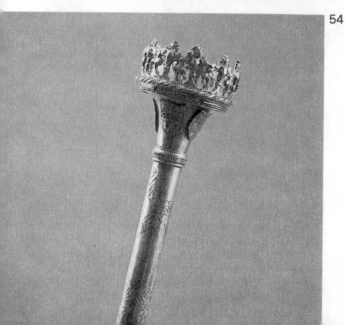

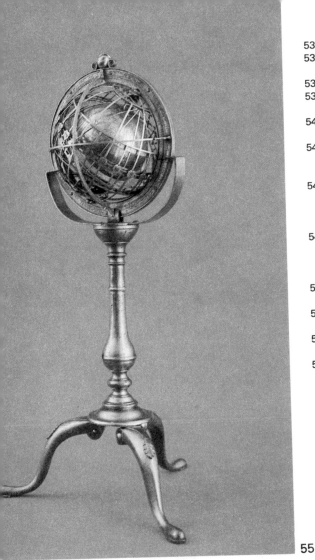

55

56

57

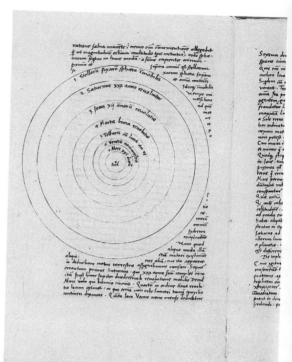

5

59

57. Collegium Novum Uniwersytetu Jagiellońskiego
57. The "Collegium Novum" of the Jagiellonian University
57. Das Collegium Novum der Jagellonen-
Universität
57. Ягеллонский университет, Коллегиум
Новум

58. Karta z dzieła Kopernika *De revolutionibus orbium coelestium*
58. A leaf from Nicolaus Copernicus' work
De Revolutionibus Orbium Coelestium
58. Eine Buchseite aus *De revolutionibus
orbium coelestium* von Nikolaus Kopernikus
58. Страница труда Коперника *Об обра-
щениях небесных сфер*

59. Pomnik Mikołaja Kopernika
59. The monument to Nicolaus Copernicus
59. Das Denkmal von Nikolaus Kopernikus
59. Памятник Миколаю Копернику

60

61

60. Ilustracja z XVI-wiecznego Kodeksu Baltazara Behema
60. An illustration from the 16th century
Balthasar Behem Code
60. Ein Bild aus dem Behem-Kodex,
XVI. Jh.
60. Иллюстрация из кодекса Бальтазара
Бегема (16 в.)

61. Haftowana perłami okładka modlitewni-
ka królowej Anny Jagiellonki
61. The pearl-embroidered cover of Queen
Anna Jagiellonka's prayer-book
61. Mit Perlen verzierter Einband des Gebet-
buches der Königin Anna der Jagellonin
61. Вышитая жемчугом обложка молит-
венника королевы Анны Ягеллонки

62

63

64

62, 63. Kościół oo. Dominikanów i kolegiata św. Anny
62, 63. The Dominican Church and St. Ann's Collegiate Church
62, 63. Die Dominikanerkirche und die Kollegiatkirche St. Anna
62, 63. Костел доминиканцев и коллегиата св. Анны

64. Gotycka rzeźba „Pięknej Madonny" z Krużlowej w Muzeum Narodowym
64. The Gothic sculpture of "Madonna the Beautiful" of Krużlowa in the National Museum
64. Die gotische Statue der „Schönen Madonna" aus Krużlowa, Nationalmuseum
64. Готическая скульптура „прекрасной Мадонны" и Кружлёвой

65. Zabytkowe berło i pieczęć burmistrzowska
65. An ancient Mayor's staff and seal
65. Das Bürgermeistersiegel und das alte Zepter
65. Старинные жезл и печать бургомистра

65

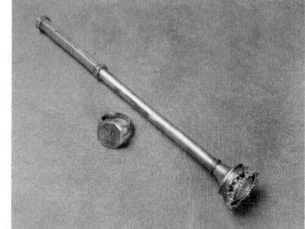

67

68

69

68. Wieże romańskiego kościoła św. Andrzeja
68. The towers of the Romanesque St. Andrew's Church
68. Die Türme der romanischen St. Andreas-Kirche
68. Башни романского костела св. Анджея

69. Gotycka figurka jasełkowa z klasztoru ss. Klarysek
69. A Gothic Christmas crèche wood carving from the Clarist Convent
69. Die gotische Krippenfigur aus dem Klarissenkloster
69. Готическая фигурка из рождественского кукольного театра, монастырь клариссианок

70

70. Kościół św. św. Piotra i Pawła — jeden z najcenniejszych przykładów baroku polskiego
70. The Church of Sts. Peter and Paul — one of the most representative examples of Polish Baroque
70. St. Peter und Paul-Kirche — eines der wertvollsten Beispiele des polnischen Barock
70. Костел святых Петра и Павла — один из ценнейших памятников польского барокко

71

71. Gotycka tablica fundacyjna na domu Psałterzystów, ufundowanym przez Jana Długosza
71. The Gothic foundation plaque in the House of the Psalterians, funded by the historian Jan Długosz
71. Die gotische Errigierungstafel am Psalmistenhaus, das von Jan Długosz gestiftet wurde
71. Готическая таблица на доме псаломщиков, построенном Яном Длугошем

72. Gmach d. więzienia św. Michała, obecnie Muzeum Archeologiczne
72. Former St. Michael's Prison, today the Archeological Museum
72. Das ehemalige St. Michael-Gefängnis, heutzutage das Museum für Archäologie
72. Здание бывшей тюрьмы св. Михала, ныне Археологический музей

73. Widok z Wawelu na Dom Długosza
73. A view from the Wawel Castle toward the Jan Długosz House
73. Blick vom Wawel auf das Haus von Jan Długosz
73. Вид с Вавельского холма на дом Длугоша

76

77

78. Pomnik Tadeusza Kościuszki przy wejściu na Wawel
78. The monument to Tadeusz Kościuszko at the main entrance to the Wawel Castle
78. Tadeusz-Kościuszko-Denkmal am Eingang auf Wawel
78. Памятник Тадеушу Костюшко у входа в Вавель

79. Dziedziniec zewnętrzny na Wawelu — rezerwat archeologiczny
79. The outer courtyard at Wawel — preserved as an archeological site
79. Die älteste Bausubstanz des Wawels: der Außenhof
79. Внешний двор Вавеля — археологический заповедник

78

79

80. Katedra wawelska
80. The Wawel Cathedral
80. Der Waweldom
80. Вавельский кафедраль-
ный собор

81. Renesansowy dziedziniec
zamku królewskiego na
Wawelu
81. The Renaissance cour-
tyard of the Royal Castle
81. Der Arkadenhof des Wawelschlosses aus der Re-
naissancezeit
81. Ренессансный двор королевского дворца в Вавеле

80

81

82

83

84

85

86

87 88

87, 88. Strop kasetonowy w Sali Poselskiej na II piętrze zamku
87, 88. Coffered ceiling in the Audience Hall on the second floor of the Castle
87, 88. Die Kassetendecke des Gesandtensaales im II. Geschoß des Wawelschlosses
87, 88. Кесонное перекрытие в Посольском зале на 3-м этаже дворца

89

89, 90, 91. Sala Poselska: widok ogólny, arras tronowy z Orłem Jagiellońskim, arras „Adam i Ewa w raju"

89, 90, 91. The Audience Hall: the general view, the throne tapestry with the Jagiellonian Eagle; the tapestry "Adam and Eve in Paradise"

89, 90, 91. Blick auf den Gesandtensaal: die Gesamtansicht, der Thronteppich mit dem Jagellonen-Adler, der Wandteppich „Adam und Eva im Paradies"

89, 90, 91. Посольский зал: общий вид, тронный аррас с ягеллонским орлом, аррас „Адам и Ева в раю"

90

91

92

93

96

97

98

96, 97, 98. Sala Senatorska: widok ogólny, arras z inicjałami króla Zygmunta Augusta i fragment arrasu „Potop"

96, 97, 98. The Senators' Chamber: general view, the tapestry bearing the monogram of King Sigismund Augustus, and part of the "Flood" tapestry

96, 97, 98. Der Senatorensaal: die Gesamtansicht, der Wandteppich mit dem Monogramm von Sigismundus Augustus, ein Fragment des Wandteppichs „Die Sintflut"

96, 97, 98. Сенаторский зал: общий вид, аррас с инициалами короля Сигизмунда Августа и деталь арраса „Потоп"

99. Namiot turecki, zdobyty przez króla Jana III Sobieskiego pod Wiedniem
99. A Turkish tent won by King John III Sobieski at Vienna
99. Ein türkisches Zelt − Kriegsbeute von König Johannes III. Sobieski
99. Турецкий шатер, добытый королем Яном III Собеским под Веной

100   101

100. Skarbiec Koronny — Sala Kazimierza Wielkiego
100. The Crown Treasury — King Casimir the Great's Chamber
100. Die Kronschatzkammer — der Saal Kasimirs des Großen
100. Коронная сокровищница – зал Казимира Великого

101, 102. Zbrojownia wawelska
101, 102. The Wawel Armoury
101, 102. Der Wawelarsenal
101, 102. Вавельский арсенал

102

103

104

105

106

107

108

109

110

111 112

 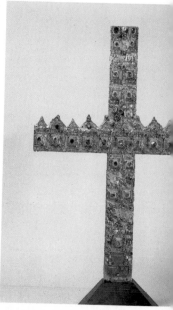

113 114

111, 112, 113. Skarbiec Katedralny: średniowieczna korona, zwana Sandomierską, XIII-wieczny krzyż z diademów królewskich i włócznia św. Maurycego, ofiarowana w 1000 roku przez cesarza Ottona III księciu Bolesławowi Chrobremu

111, 112, 113. The Cathedral Treasury: a medieval crown called "Sandomierska", 13th century cross of royal diadems, and the Spear of St. Mauricius presented by Emperor Otton III to King Boleslas the Brave in the year 1000

111, 112, 113. Die Schatzkammer des Doms: mittelalterliche Krone, Sandomierz-Krone genannt, das Kreuz aus dem Königsdiadem und der Speer des Hl. Mauritius, ein Geschenk des Kaisers Otto III. an Boleslaus den Tapferen aus dem J. 1000

111, 112, 113. Кафедральная сокровищница: средневековая корона, называемая сандомирской, крест из королевских диадем (13 в.) и копье св. Мавриния, подаренное в 1000 году королю Болеславу Храброму императором Оттоном III

114. Płyta nagrobna króla Stefana Batorego
114. The tombstone of King Stefan Batory
114. Die Grabplatte des Königs Stefan Batory
114. Надгробная плита короля Стефана Батория

115

115. Kaplica Zygmuntowska w katedrze
115. The Sigismund Chapel in the Cathedral
115. Die Sigismunduskapelle im Waweldom
115. Сигизмундова капелла в кафедральном соборе

116, 117. Sarkofag króla Władysława Łokietka w katedrze
116, 117. The sarcophagus of King Ladislas the Short in the Cathedral
116, 117. Der Sarg des Königs Ladislaus Ellenlang im Waweldom
116, 117. Саркофаг короля Владислава Локетека в кафедральном соборе

116   117

118

118. Sarkofag Adama Mickiewicza w krypcie pod nawą północną katedry
118. The sarcophagus of the poet Adam Mickiewicz in the crypt under the northern aisle of the Cathedral
118. Der Sarg von Adam Mickiewicz in der Krypta unter dem Hauptschiff des Doms
118. Саркофаг Адама Мицкевича в крипте под северным нефом кафедрального собора

119

119. Romańska krypta św. Leonarda w podziemiach katedry
119. The Romanesque St.Leonard Crypt in the vaults of the Cathedral
119. Die romanische St. Leonhards — Krypta in den Katakomben des Doms
119. Романская крипта св. Леонарда в подземельях кафедрального собора

120

120. Fragment romańskiej Rotundy Najśw. Panny Marii na Wawelu
120. Part of the Romanesque St. Mary's Rotunda at Wawel
120. Ein Fragment der romanischen Rundkapelle der Allerheiligsten Jungfrau Maria auf dem Wawel
120. Фрагмент романской ротонды пресв. Девы Марии в Вавеле

121. Krypta grobowa dynastii królewskiej Wazów w podziemiach katedry
121. The sepulchral crypt of the royal dynasty of the Vasas in the vaults of the Cathedral
121. Die Gruftkrypta des Wasa-Geschlechtes in den Katakomben des Waweldoms
121. Склеп династии Вазов в подземельях кафедрального собора

121

122

123

122, 123. Zespół klasztorny oo. Paulinów na Skałce
122, 123. The Pauline Monastery in "Skałka"
122, 123. Der Klosterbaukomplex des Paulinerordens in Skałka
122, 123. Ансамбль монастыря паулинцев „на Скалке"

124. Krypta Zasłużonych w kościele na Skałce
124. The Crypt of the Meritorius; the church in "Skałka"
124. Die Krypta der verdienten Polen in der Skałka-Kirche
124. Крипта с саркофагами выдающихся представителей польской культуры в костеле „на Скалке"

124

125

126

125. Kościół św. Katarzyny na Kazimierzu
125. St. Catherine's Church in the district of Kazimierz
125. St. Katharina-Kirche im Kazimierz-Stadtteil
125. Костел св. Катажины в районе Казимеж

126. XV-wieczna dzwonnica przy kościele św. Katarzyny
126. The 15th century belfry at St. Catherine's Church
126. Der Glockenturm der St. Katharina-Kirche aus dem XV. Jh.
126. Колокольная костела св. Катажины (15 в.)

127. Dawny ratusz, obecnie Muzeum Etnograficzne na Kazimierzu
127. Former Town Hall of the town of Kazimierz, today the Ethnographic Museum
127. Das ehemalige Rathaus, heute Ethnographisches Museum in Kazimierz
127. Ратуша г. Казимежа, ныне Этнографический музей

128. Sklepienie kaplicy ss. Augustianek w kościele św. Katarzyny
128. The vaulting of the Augustinian Sisters Chapel in St. Catherine's Church
128. Das Gewölbe des Augustinerinenklosters
128. Свод капеллы августианок в костеле св. Катажины

129. Najstarsza z polskich bożnic, tzw. Stara Synagoga w d. mieście żydowskim na Kazimierzu
129. The oldest synagogue in Poland — Old Synagogue in the former Jewish quarter at Kazimierz
129. Die älteste polnische Synagogen, sog. Alte Synagoge, in der ehemaligen Judenstadt Kazimierz
129. Т. наз. Старая синагога, построенная в еврейском районе г. Казимежа, древнейшая из польских синагог

130. Renesansowe nagrobki na cmentarzu żydowskim Remuh
130. The Renaissance tombstones at the Remuh jewish cemetery
130. Grabsteine aus der Renaissancezeit auf dem jüdischen Remuh-Friedhof
130. Ренессансные надгробные памятники на еврейском кладбище Рему

29

30

133

KRAKÓW MIASTEM NASZEJ WSPÓLNEJ TROSKI

Społeczny Komitet Odnowy Zabytków Krakowa

apeluje do PT Czytelników
o dobrowolne wsparcie finansowe
dzieła odnowy Krakowa

Konta wpłat
krajowe: ,,Odnowa Krakowa'' NBP O/M Kraków 35073-6321-189-91
dewizowe: Bank S. A. O/Kraków ,,Przekrój'' 327874-600008

CRACOW – THE TOWN OF OUR COMMON RESPONSIBILITY

The Citizens' Committee for Restoration of Monuments of Cracow makes an appeal to the Readers
for voluntary donations to the Cracow Restoration Fund

Bank accounts:
domestic: ''Odnowa Krakowa'' NBP O/M Kraków 35073-6321-189-91
foreign currencies: Bank S. A. O/Kraków ''Przekrój'' 327874-600008

DAS GANZE VOLK RETTET KRAKOW

Das Gesellschaftskommitee zur Restaurierung der Baudenkmäler von Krakow
erbittet die P. T. Leser um freiwillige finanzielle Unterstützung des Wiederaufbaus von Krakow

Bankkontorn:
Inland: ,,Odnowa Krakowa'' NBP O/M Krakow 35073-6321-189-91
Ausland: Bank S. A. O/Krakow ,,Przekrój'' 327874-600008

КРАКОВ – НАША ОБЩАЯ ЗАБОТА

Общественный комитет реставрации памятников Кракова обращается к Читателям
с просьбой
оказать финансовую поддержку
делу реставрации Кракова

Банковские счета:
для польской валюты: ,,Odnowa Krakowa'' NBP O/M Kraków 35073-6321-189-91
для иностранной валюты: Bank S. A. O/Kraków ,,Przekrój'' 327874-600008